KB119057

강 팀장을 변화시킨

열 번의 코칭

강 팀장을 변화시킨

열 번의 코칭

4차 산업혁명 시대, 우리에게 필요한 소통 리더십 '피드백 코칭'

박창규 · 권경숙 공저

학지사

피드백이 나를 성장시켰다

이 책은 나를 비추어 준 피드백이 나를 성장시킨 경험을 풀어낸 이야기이다. 필자가 육군 대대장으로 군복무 시절 미군과 합동으로 몇 차례 실내외 훈련을 함께한 적이 있다. 한 번은 팀스피릿 야전 훈련에서 한국군인 내가 한미통합부대의 지휘관이 되고 미군이 부지휘관과 참모 역할을 한 적이 있었다. 그 당시 나는 영어도 미숙하고 지휘 경험이 많지 않아 수시로 미군 부지휘관과 참모들에게 조언을 구했고, 하루를 마무리하는 미팅이 끝날 때마다 꼭 나 자신에 대한 피드백을 요청하곤 했다.

어느 날 훈련이 끝나고 가진 회식 자리에서 웨스트포인트를 졸업한 미군 부지휘관이 한 말이 내게 큰 영감을 주었다. "한국군과 처음으로 같이 훈련을 해 보았는데 느낀 게 많았다."며, 특히 지휘관인 내가 주도적으로 외국군에게 개인적인 피드백을 솔직히 요청하는 것이 매우 인상적이었다고 했다.

그 이후 군인 신분으로는 처음으로 일반인 신분의 공직자들과 10개월간 같이 공부를 한 적이 있었다. 이때도 나는 귀한 기회를 살리기 위해 좀 가까워지게 되면 으레 그들에게 개인적인 피드백을 꾸준히 요청했다. 나는 이번에도 그들에게 "군 고위급 장교가 민간 신분인 우리에게 개인적인 피드백을 진정성 있게 요청하는 게 인상 깊었다."고 하는 말을 들었다. 그렇게 열린 마음으로 군대 생활을 하면 틀림없이 장군으로 진급할 것이라고 격려받기도 했다. 그 후 나는 실제로 장군으로 진급했다.

군에서 전역한 이후에 리더십과 코칭에 대한 강의를 할 때도 나는 계속해서 함께 일하는 구성원들이나 워크숍에 참가한 사람들에게 피드백을 요청하고, 구체적으로 개선해야 할 점을 찾아서 반영해 나갔다. 나는 한동안 제법 알려진 리더십 강사로 활동하였고, 코칭 리더십으로 영역을 전환한 이후에는 한국인으로서 최초로 국제적으로 인정한 마스터 코치가 되었다. 결국 내가 군에서 장군이 될 수 있었던 것도, 전역 후 코치의 최고 수준인 국제 마스터 코치가 될 수 있었던 것도 모두 피드백 덕분이었던 셈이다. 피드백이 나를 언제나 돌아보게 하고 성장시켰다.

요즘 기업 현장에서 리더들을 만나면 달라진 기업 환경의 빠른 변화에 대응하기도 벅찬데 함께 일하는 구성원들을 어떻게 대해야 할지 몰라서 고민이라는 얘기를 많이 듣게 된다. HR 컨설팅 회사인 네모파트너즈피오씨는 2019년 HR News 키워드로 밀레니얼 세대, 애자일(Agile)[1] 조직, 주 52시간 등을 선정했다(매일경제, 2019). 이와 더불어 4차 산업혁명의 시대라고 하는 요즘을 일컬어 뷰카(VUCA) 시대라고도 한다. '뷰카'[2]란 변동성(Volatile), 불확실성(Uncertainty), 복잡성(Complexity), 모호성(Ambiguity)을 뜻하는 말이다.

이 키워드들을 종합하면 예상을 뛰어넘는 영역에서 융복합이 이루어지는 복잡한 상황에서 기업은 애자일 조직처럼 민첩하고 기민하게 움직여야 하는데, 그 주체인 밀레니얼 세대와의 소통이 화두가 되고 있다고 정리할 수 있다. 밀레니얼 세대는 일반적으로 1980년대부터 2000년대까지 출생한 세대를 일컫는다. LG경제연구원의 분석에 따르면 밀레니얼 세대 직장인들의 특징은 '행복과 성공의 기준이 나에게 있다.' '집단의식이 약하다.' '불안감이 높다.' '일의 가치와 의미가 중요하다.' '수평적 커뮤니케이션을 원한다.'고 한다.

---

1) '민첩한' '기민한' 조직이라는 뜻으로, 부서 간 경계를 허물고 필요에 맞게 소규모 팀(cell)을 구성해 업무를 수행하는 조직 문화이다(네이버, 2019).

2) 변동성(Volatile), 불확실성(Uncertainty), 복잡성(Complexity), 모호성(Ambiguity)의 앞 글자에서 따온 용어로, 1990년대 미국의 육군대학원에서 사용하던 군사용어이다. 최근 빠르고 복잡한 변화가 일어나는 기업의 상황을 표현하는 말로 많이 거론되고 있다(연합인포맥스, 2017).

밀레니얼 세대와 소통하기를 힘들어하는 리더의 입장에서 보면 '요즘 구성원'이 리더의 말을 잘 따르지 않고, 조직의 일원으로서 역할을 하지 않으려는 '문제 많은' 인물로 보일 수 있으나, 밀레니얼 세대의 특징을 이해하고 나면 이러한 현상은 당연해 보이기도 한다. 아마도 리더가 수평적 의사소통을 통한 충분한 협의를 거치지 않았을 가능성이 많고, 일의 가치와 의미를 설득하기보다는 해야 한다는 당위성을 전달하였을 가능성이 많다.

안타깝게도 이러한 밀레니얼 세대를 대하는 리더는 수직적 소통 구조 속에서 성장하였기 때문에 수평적 의사소통을 어떻게 해야 하는지, 일의 가치와 의미를 어떻게 설득해야 하는지 경험한 적이 없다. 이러한 리더들은 탑다운식의 지시에 익숙해져 있는데, 이것이 통하지 않자 갈등을 회피하기 위해 아예 자기 스스로를 방어하기 위한 갑옷을 입는가 하면 자기 주위에 벽을 쌓아 버리기도 한다. 리더, 구성원, 회사 그 누구의 성장에도 득이 되지 않는 상황이 벌어지는 것이다.

리더십 교육 전문기관인 'Center for Creative Leadership'[3]에 따르면 밀레니얼 세대의 54%가 리더에게 성장에 도움이 되는 피드백을 매월 또는 더 자주 받고 싶어 한다고 한다. 나는 리더가 구성원 가까이에서 그들의 성장을 지켜보고 끊임없이 적절한 피드백을 제

---

3) https://www.ccl.org/

공한다면 밀레니얼 세대가 스스로 동기부여되어 업무에 몰입하게 만들 수 있다고 생각한다. 하지만 우리나라 기업의 피드백 문화는 아직까지 평가 결과를 전달하는 식의 경직된 모습을 보이고 있다. 제대로 된 피드백이 어떤 것인지 아직은 자리 잡지 못하고 있는 것이다.

그래서 이 책은 오랜 시간 기업 코칭 리더십 현장에서 쌓은 경험을 바탕으로, 이 시대에 필요한 코칭을 현실적으로 유용하게 접목한 '피드백 코칭'을 제안한다. 피드백 코칭은 구성원들 가까이에서 공감하고 격려와 인정을 통해 동기를 부여하면서, 동시에 일에서는 성과 창출을 위한 메시지를 분명히 요청한다. 즉, 공감하고 함께 '성장'하며 '성과'를 내자는 것이다. 이 책은 기존의 리더십으로 풀지 못하는 문제에 봉착한 한 리더가 열 번의 코칭을 통해 성장하는 과정으로 구성되어 있다. 피드백 코칭 리더십은 한두 번의 교육과 몇 가지 스킬을 배운다고 체화되지 않는다. 하지만 한번 몸에 익히면 리더로서의 성장뿐만 아니라 개인의 삶이 변화하는 경험을 하게 될 것이라고 믿는다.

지금은 큰 변화의 시대이다. 지금 이 책을 손에 든 독자라면 아마도 새로운 시대에 맞게 업그레이드하겠다는 적극적인 의지를 가진 사람일 것이다. 나는 『도덕경』에 나오는 필작어세(必作於細), 즉 '세상의 모든 큰 일은 사소한 것에서 시작된다.'는 말처럼 독자들이 작은 것 하나라도 몸으로 익혀서 직접 활용하도록 돕겠다는 마음으로 이 책을 썼다. 당장 필요한 스킬 중심으로 이 책을 읽어도 좋지만, 처음부터 차분히 머리로만 이해하지 말고 몸으로 익히는 시간을 함께 가지길 바란다.

이 책이 나오기까지 사람 중심 경영 모델을 만든 과정을 진술하게 풀어 주신 마이다스아이티의 이형우 대표와 혁신의 전도사로 피드백 시스템을 접목해 경영의 성과를 이뤄 내고 그 사례를 나누어 주신 전 포스코ICT 허남석 대표의 도움이 컸다. 그리고 나와 함께 1년을 같이한 코칭MBA와 영성코칭에 참가한 여러 코치에게도 감사드린다. 또한 딱딱한 피드백 코칭을 현실감 있게 풀어 준 권경숙 코치에게 특별한 감사를 드린다.

박창규 드림

난 제대로 된 피드백을 모르는 리더였다

"이 원고 다시 쓸 거지?"

특집 원고를 담당한 기자를 불러 놓고 나는 이렇게나 무식한 말을 날렸다. 그것도 사무실에서. 그 순간 정적이 흐르며 원고를 쓰던 몇몇 기자는 자기가 쓰던 글자 위에 삭제(delete)키를 눌러댔다고 했다. 이 책을 쓰기 전까지 나는 그때의 행동이 문제가 있었다는 생각을 눈곱만큼도 하지 못했다. 담당 기자에 대한 애정과 믿음이 있어서 한 행동이었고, 그 기자가 그걸 알아줄 거라고만 생각했다.

박창규 코치 덕에 이 책을 쓰는 일에 함께하는 과정은 내가 얼마나 수많은 순간 저런 일을 저질렀는지를 뼈아프게 깨닫는 시간이었다. 나는 우리 구성원들과의 거리를 1미터라고 생각하는데, 구성원들이 나를 대하는 건 10미터이거나 심지어 100미터인 이유가 원래

11

사랑은 내리사랑이기 때문이라고 생각했다. 이 역시 지금 생각하면 기가 찰 노릇이지만, 난 정말 진지하게 그렇게 생각하고 믿었다.

처음 리더가 되었을 때 내 말에 따라 움직이는 구성원들과 조직을 보면서 무섭다는 생각을 했다. 그래서 그 당시 나의 메신저 대화명이 '내 안에 든 폭력성 고찰'이었다. 그걸 본 지인들은 이제라도 알았으니 다행이라며 낄낄대며 웃었지만, 리더의 뜻이 아니라 구성원들의 의사에 따라 움직이는 합리적인 조직을 만들겠다는 고민을 담은 것이었다. 그리고 그 생각대로 조직을 운영해 왔다고 생각했다.

물론 이 책을 쓰면서 피드백 거울로 나를 비춰 보기 전까지 말이다. 구성원들에게 상처 주거나 일할 의욕을 꺾지 않고도 얼마든지 같이 성장하며 성과를 낼 수 있는데 그걸 몰랐던 시간이 안타깝고, 부족한 나와 오랜 세월을 함께했던 구성원들에게 진심으로 미안하고 고맙다. 그런 의미에서 이 책을 만나는 독자들은 꼭 피드백 거울을 활용하게 되길 바라며, 그를 통해 삶이 바뀌는 놀라운 경험을 하게 되리라고 믿는다.

이 책은 박창규 코치가 쓴 원고를 리더와 구성원으로서의 내 경험을 바탕으로 재구성한 것이다. 나를 포함해 내가 만났던 평범한 사람들을 조합해서 강 팀장, 최 차장, 김 과장이 탄생했다. 이들의 이야기를 통해 박 코치의 원고에 담겨 있던 사람에 대한 깊은 애정과 관계를 풀어 가는 놀라운 힘을 전달하고 싶었다.

박 코치는 우리나라 최초의 국제마스터코치로서 코치들에게 구루로서의 존경을 한몸에 받는 분이다. 그런 분이 햇병아리 코치 작가로 인해 글이 얄팍해지고 전하고자 하는 메시지가 흔들리는 걸 보면서도, 놀랍도록 무한히 신뢰하고 지지해 주셨다. 그걸 경험한 것만으로도 나는 인생 최고의 행운을 누린 셈이다.

이 책을 쓰면서 만난 행운은 또 있다. 마이다스아이티의 이형우 대표님을 비롯한 그 구성원들을 통해 회사가 이상적인 모습을 추구하면서도 성장할 수 있다는 것을 가까이서 보게 된 것, 포스코 ICT 허남석 전 대표님을 통해 언제나 하회탈 같은 온화한 얼굴만으로도 격려와 압박을 함께 줄 수 있다는 걸 경험한 것도 신기하고 행복한 일이었다. 이 책을 만난 리더들에게도 그 행운이 함께하길, 또 조직의 리더로서뿐만 아니라 한 사람으로서 더 행복해지길 진정으로 기원한다.

덧붙이기. 이 책을 쓰는 내내 엄마로서도 내가 이걸 진작 알았다면 얼마나 좋았을까 하며 가슴을 쳤다. 학부모 버전도 곧 세상에 내놓기로 했다.

권경숙

차례

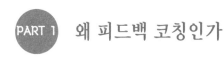

PART 1 　왜 피드백 코칭인가

희망을 품게 된 첫 번째 만남

의욕을 살리는 피드백, 의욕을 꺾는 피드백　25

피드백 코칭 실전 익히기

프롤로그

누구에게나 우연한 행운은 찾아온다

"진짜요?"

"진짜라니까!"

살다 보면 아주 드물지만 예상치 않게 놀라운 해결책이 하늘에서 뚝 떨어진 것 같은 경험을 할 때가 있다. 강 팀장에게 지금 이 순간이 바로 그렇다. 강 팀장은 기획팀에서 나름 인정받던 에이스였는데, 해외사업팀으로 오면서 무능한 바보가 된 것 같았다. 회사에서도 해외사업팀이 삐걱거리는 걸 알고 있고, 강 팀장의 리더십 문제로 본다는 얘기가 들린다. 이러다가는 곧 회사를 떠나야 할 것만 같다. 답답한 마음에 회사 옥상에서 한숨을 쉬고 있는데, 몇 년 전 같은 부서 직속상관으로 둘도 없이 친했던 박 선배를 만났다. 지난달에 새로 발령받은 임원을 코칭하게 되어 만나고 돌아가는 길에 옛 생각이 나서 옥상에 들렀다고 했다. 그런데 우연히 만난 박 선배가 강 팀장에게는 하늘에서 내려 준 동아줄 같은 존재가 된 것이다.

들자 하니 박 선배도 스카웃된 회사에 적응하느라고 힘든 시간을 겪었다고 한다. 그런 상황에서 코칭을 통해 위기를 극복했고, 지금은 회사를 그만두고 전문코치로 활동하고 있단다. 박 선배가 하는 일은 리더들이 조직을 운영하면서 겪는 문제를 해결하도록 돕는 것이라고 했다. 강 팀장은 자신이 가진 문제를 누군가의 도움을 받아 풀 수 있다는 사실을 안 것만으로도 신기했는데, 박 선배가 강 팀장에게 갚을 빚이 있다며 원하면 코칭을 해 주겠다는 제안을 해 왔다. 단, 코칭을 시작하면 한두 번 하다가 그만두면 안 되고 끝까지 성실하게 마친다는 조건이었다. 지푸라기라도 잡고 싶었던 강 팀장은 그렇게 박 선배를 통해 새로운 경험을 하게 되었다.

PART 1

왜 피드백 코칭인가

의욕을 살리는 피드백, 의욕을 꺾는 피드백

구성원이 문제일까? 리더가 문제일까?

리더의 필수조건이 바뀌고 있다

신뢰의 속도보다 빠른 것은 없다

의욕을 살리는 피드백,
의욕을 꺾는 피드백

"'리더가 피드백을 모르면 바보다.'라는 말
로 들려요. 평소에 제 리더십이 문제가 있
다는 생각은 별로 안 했는데 오늘
애기하다 보니 '바보'에 '독재자'까지
되어 버린 것 같은 걸요."

약속한 금요일 오후 6시. 강 팀장은 박 선배의 사무실로 찾아갔다. 최근 옮겼다는 박 선배 사무실은 걸어서 5분도 안 되는 거리에 있었다. 가는 길에 박 선배가 좋아하는 에스프레소도 샀다. 박 선배 사무실은 독특한 디자인의 집기들이 널찍하게 자리 잡고 있었다.

"오오~, 선배님이 이렇게 감각 있는 분인 줄은 몰랐는데요?"

"마음에 드나? 나도 예전에는 사무실은 책상과 책장만 있으면 되는 줄 알았지. 그런데 코칭을 공부하다 보니 사람이 일하는 공간까지 생각을 확장하게 되더구먼."

"색다른 분위기가 더 기대감을 갖게 하네요."

"그나저나 내가 자네와 피드백 코칭 공부를 함께하는 날이 오다니 참 신기하네."

"저야말로 믿기지가 않아요. 아직은 어떻게 선배님이 제 문제를 풀어 주신다는 건지 감이 잘 안 와요."

"시작하기 전에 짚고 넘어가야 할 게 있어. 내 역할은 자네 문제를 대신 풀어 주는 게 아니라 자네가 스스로 해결할 힘을 갖도록 돕는 거야. 그게 코칭이거든. 코칭 중에서도 내가 지금 전문으로 하는 피드백 코칭은 특히 자네처럼 조직의 문제를 풀고 싶은 리더에게 유용해."

"스스로 해결할 힘을 갖도록 돕는다고요? 제가 지금 그 힘이 없어서 어려움에 처한 건데, 스스로 해결하라고 하시는 건가요? 거기다 코칭이 뭔지도 잘 모르는데 피드백 코칭이라고 하시니까 더 어려워요."

"하하, 후배님, 차차 알게 될 거니까 걱정은 붙들어 매시고, 오늘은 피드백에 대한 것부터 이해하고 넘어가자고."

"제가 마음이 급한가 봐요."

피드백은 타자의 거울이다

———

"그 마음 이해하네. 자, 한숨 돌리고 저 거울 앞으로 가 보자고."

"민망하게 거울 앞에 세우고 그러십니까?"

"피드백은 '타자의 거울'이라고 할 수 있거든."

"'타자의 거울'이요? 다른 사람의 거울이라는 뜻인가요?"

"맞아. 더 정확히 표현하면 다른 사람이 비춰 주는 거울인 거야. 자, 거울에 비친 자네 모습이 어떻게 보이나?"

"어휴~, 제가 이렇게 생겼군요? 한때는 저도 잘생겼다는 소리 좀 들었는데……, 그야말로 사십대 중반의 위기에 처한 직장인이네요."

"이번에는 내가 자네를 비춰 볼까? 내가 보기에는 겉으로는 지쳐 보이지만 안에는 이 위기를 어떻게든 극복하려는 강한 열망이 보여. 기획 업무에서는 성공해 왔지만 사업팀은 처음이라 능력을 인정받고 싶고, 그걸 발판으로 다른 사업팀 일도 해 보고 싶어 해. 내가 비춰 준 자네 모습에 대한 얘기를 들으니 어떤가?"

"선배님 거울에 비친 제 모습이 좀 짠하네요. 한편으로는 꽉 막힌 상황에서 좌절하고 있다고만 생각했는데 선배님 말씀을 들으며 다시 보니 이 상황을 이겨 내려는 마음이 있네요. 아! 피드백이 다른 사람이 비춰 주는 거울이라는 말을 이해했어요. 선배님이 제 모습을 봐 준 거, 이게 타자의 거울이군요?"

"맞아. 피드백은 상대의 모습을 거울로 비춰 주는 거야. 그리고 그 과정에서 거울을 비추는 사람의 센서를 거치게 되지."

"센서를 거친다고요?"

"응. 누구의 거울에 비추느냐에 따라 다르게 보인다는 거지."

"거울을 통해 제가 미처 보지 못한 것까지 봐 주신 게 바로 선배님의 센서를 거쳐서 나온 거네요?"

"응. 맞아. 그래서 피드백하는 사람의 센서가 매우 중요해. 그런 의미에서 자네가 구성원들에게 하는 피드백 상황을 한번 떠올려 봐."

진정성을 담은 사랑과 관심의 표현, 피드백

"피드백은 주로 평가 면담 때 많이 하는데요, 지난주에 했어요."

강 팀장은 최 차장과의 면담이 떠올랐다. 해외사업팀 15년차인 최 차장은 1년 전 팀장으로 발령받은 강 팀장을 별로 인정하지 않았다. 강 팀장은 자기 앞에서 차갑게 반대 의견을 말하는 최 차장이 솔직히 어렵다. 이런 최 차장에게 낮은 평가를 주게 되었는데, 기대했던 평가를 못 받은 최 차장은 얼굴이 굳어, 실적이 목표치에 도달하지 못한 건 맞지만 그럴 만한 상황이 있었는데 감안해 주지 않았다며 항변했다. 강 팀장도 그걸 설명해 주려다 보니 부족했던 부분만 강조해서 얘기하게 되고, 서로 불편한 채 면담을 끝냈다. 하지만 강 팀장은 자신은 최선을 다했고, 조직을 운영하는 데 그런 불편한 상황은 당연하다고 생각했다.

"음~, 떠올리기만 해도 마음이 불편해지네요. 평가 면담하는 건 정말 힘들어요. 회사 다니면서 가장 곤혹스러운 시간이에요."

"아까 피드백 거울은 피드백하는 사람의 센서가 중요하다고 했잖아? 평가 면담할 때 구성원들을 비춰 준 자네의 센서는 어땠다고 보는가?"

"제 센서요? 어떤 마음으로 면담을 했는지를 물으시는 거죠? 구성원들이 일을 더 잘하기 바라는 마음으로 최선을 다해 얘기를 다 했다고 생각해요."

"그 마음은 구성원이 성장하기를 바라는 마음이라고 해도 되겠나?"

"맞는데요, 뭔가 찔리는 기분이 드는 건 왜일까요?"

"피드백은 평가라기보다는 '진정성과 용기를 가지고 전하는 사랑과 관심의 표현'이어야 해. 그런 점에서 자네 모습은 어땠나?"

"음, 선배님이 아까 거울에 비춰 준 제 모습은 진정성을 담은 사랑과 관심의 표현이라고 느껴져요. 그런데 구성원들한테 그렇게 해야 한다는 건 잘 와닿지 않아요. 리더라면 구성원이 개선할 점을 제대로 짚어서 얘기해 주어야 하는 것 아닌가요? 회사에서 사랑과 관심의 표현이라니 그건 좀 과하잖아요."

"그렇게 생각할 수 있지. 이걸 한번 보게나. 어느 조직의 구성원이 피드백이라는 말을 들을 때 어떤 느낌이 드는지에 대한 질문에 이렇게 말했어."

"리더가 평소에 저한테 말하고 싶었던 불만을 얘기하는 자리 같아요."

"후우~, 찔리네요! 그런데 저 정도는 회사를 다니다 보면 감수해야 하는 거 아닌가요?"

"좋아, 그러면 저런 피드백을 받고 나면 어떤 마음이 들까?"

"음……, 피드백이 잘하고 싶은 사람의 마음을 꺾을 수 있겠네요. 일단 이해했어요."

"일단 이해했다는 건 어떤 의미인가?"

"맞는 말이지만 제 행동을 바꿔야 하는지는 아직 잘 모르겠다는 뜻이에요."

"좋아. 그건 차차 더 얘기하게 될 거고……. 그러면 자네는 그런 일방적인 피드백을 받는 것과 아예 어떤 피드백도 받지 못하는 것 중에 선택하라고 하면 뭘 선택하겠는가?"

"그래도 기분 나쁜 피드백이라도 받는 게 나을 것 같아요. 세상에서 가장 무서운 게 '무관심'이잖아요."

"그렇지. 자네 '밥 실험'이라고 들어봤나?"

"네. 하나에는 '사랑해. 고마워.'라고 쓰고, 다른 하나에는 '밉다, 싫다.'라고 써서 붙이고 계속 그 말을 들려주는 실험 말씀하시는 거죠?"

"맞아. 내가 밥 실험을 하면서 하나를 더 만들어서 아예 떨어뜨려 놓고 쳐다보지도 않았거든. '밉다' '싫다'라고 한 것과 쳐다보지 않은 것 중에서 어떤 게 더 많이 상했을 것 같은가?"

"그래도 나쁜 말을 계속 들려준 쪽 아닐까요?"

"차이가 크지는 않았지만 관심을 전혀 보이지 않은 밥이 더 많이 상했다네."

"놀라운데요. 무관심이 그렇게 무서운 거군요."

"피드백은 살아 있는 조직을 만들기 위해 꼭 필요한 시스템이야. 『피로사회』라는 책으로 유명한 한병철 교수가 쓴 『타자의 추방』이라는 책에 이런 내용이 있어."

　　타자는 나에게 당혹감과 고통을 주면서도 변증법적 긴장을 통해 나를 각성시키고 방향을 제시하는 존재다. 그런데 21세기엔 이같은 진정한 타자는 자취를 감추고 온통 익숙한 것들만 판을 치게 됐다(한병철, 2017).

"음 '타자가 나를 불편하게 하지만 한편으로는 긴장하게 해서 나를 성장시킨다.'는 의미네요."

"맞아. 피드백은 나에게 관심을 둔 사람이 주는 일종의 선물이라고 할 수 있지. 진정성을 담은 용기 있는 사랑의 표현이 피드백이라는 말이 이제 이해되나?"

"네. 그런데 진정성을 담은 피드백이라는 건 어떻게 해야 하는 건가요?"

"간단히 말하자면 평가를 통한 사실이나 행동을 지적하긴 하지만, 충고와 더불어 인정, 격려, 경청, 요청, 질문 등의 코칭 스킬을 잘 활용해야 하는 거지."

"인정, 격려, 경청이라……. 그렇게 되면 자발적으로 에너지가 나오겠네요. 참 이상적인 얘기네요."

"그 말은 뭔가? 자네하고는 거리가 먼 얘기라는 뜻으로 들리는데? 자네는 나와 코칭을 하고 나면 어떻게 되고 싶은가?"

서로를 비춰 주는 소통하는 조직을 원하는가

"이 조직에서 성과를 내고 싶지요. 능력을 인정받고 싶어요. 우리 해외사업팀 구성원들의 역량도 더 커지면 좋겠어요. 선배님도 늘 말씀하셨지만 저도 조직과 구성원들이 함께 성장하도록 만들고 싶거든요."

"성과도 내고, 구성원들 역량도 키우고, 자네도 리더로서 더 성숙해지고 이게 자네가 바라는 것이구먼. 지금은 다른 사람 얘기로만 들리겠지만 나와 같이 공부할 코칭 역량이 몸에 자연스럽게 배면 그런 날이 올 걸세. 자, 이걸 봐봐. 피드백을 잘 받으면 이런 선물을 받게 된다네."

- 평가받는다는 '긴장감'

- 관심받고 있다는 '안정감'

- 개선할 점을 알게 되는 '안도감'

- 잘할 수 있겠다는 '자신감'

- 인정, 격려, 지지해 준다는 '신뢰감'

"이야~! 멋진데요. 피드백을 제대로 한다는 게 저런 거군요? 저도 코칭을 받으면 정말 저런 피드백을 하는 리더가 되는 건가요?"

"당연하지. 자, 리더의 성공을 돕는 아홉 가지 방안부터 알려 주지. 스콧 에블린이 쓴 『무엇이 임원의 성패를 결정하는가』(2004)의 한 대목이야."

1. 피드백 팀을 선정하라.

2. 피드백을 요청하라.

3. 피드백을 분석하라.

4. 효과가 더 클 수 있는 기회를 선택하라.

5. 당신이 내린 결론을 동료들에게 알리고 타당한지 확인하라.

6. 실행에 옮겨야 할 행동을 선별하라.

7. 행동 개선 노력에 피드백 팀을 참여시키라.

8. 당신의 전반적인 진척도를 확인하라.

9. 전반적인 결과를 평가하고 다음 단계를 선택하라.

"우아～, 피드백, 피드백, 피드백……. 피드백을 못하면 리더로서 성공하지 못한다는 얘기로 들려요. 이거 뭐 '리더가 피드백을 모르면 바보다.'로 들리는 걸요. 제가 바로 그 바보였네요."

"하하하. 피드백 바보라는 표현이 재미있구먼. 걱정 마. 이제 피드백 바보에서 곧 피드백 고수가 될 거니까."

"선배님, 못 보던 사이에 허풍이 많이 느신 것 같아요. 암튼 계속 제가 바뀔 거라고 하시니까 믿겠습니다. 그런데 몇 가지 항목은 피드백에 대한 내용이 아닌 것 같은데요?"

"피드백이라는 용어가 들어가지 않은 것들은 그렇게 보일 수도 있어. 하지만 내용을 보면 다 피드백에 대한 얘기야. 특히 5번 내용은 '리더가 열린 마음으로 피드백을 요청하고 받을 줄 알아야 한다.'는 얘기야."

"피드백을 잘하는 것 말고도 요청해서 받을 줄도 알아야 한다는 얘기군요? 훌륭한 리더 되기 참 힘드네요."

"하버드 비즈니스 스쿨의 로버트 캐플런 교수(2012)는 '리더도 자신의 구성원에게 주기적으로 피드백을 요청해야 한다.'고 강하게 주장하지. 심지어 이런 얘기도 했어. 보게나."

"피드백을 못 받으면 구성원은 무능해지고 리더는 독재자가 된다."

"무서운 말이네요. 제가 독재자가 되어 가고 있다는 얘기네요. 평소에 제 리더십이 문제가 있다는 생각은 별로 안 했는데 오늘 선배님과 얘기하다 보니 '바보'에 '독재자'까지 되어 버린 것 같은 걸요."

"하하, 그 말이 어서 더 좋은 리더가 되고 싶다는 얘기로 들리는군. 좋았어. 나중에 자세히 다루겠지만 4번부터 9번은 피드포워드에 대한 거야."

"피드포워드요? 또 어려운 용어가 등장했네요. 선배님, 제 수준을 좀 생각해 주시지요."

"낯설어서 그렇지 알고 보면 어려운 말은 아니야. 피드백이 과거에 일어난 일에 대해 초점을 맞춘 거라면, 피드포워드는 미래에 할 일에 초점을 맞춘다고 보면 되지. 어떤가?"

"과거와 미래로 표현하니까 좀 더 이해가 돼요. 그러니까 피드포워드는 앞으로 어떻게 하면 더 잘할 건가를 말한다는 거죠?"

"바로 그거야. 앞으로 내가 피드백이라고 표현할 때는 피드포워드 개념도 함께 포함되어 있다는 걸 말하고 싶어서 좀 생소하지만 이 용어를 꺼낸 거야."

"알겠습니다. 앞으로 피드백이라는 말을 들을 때마다 '피드포워드'라는 다섯 글자도 포함시켜서 떠올리면 되는 거죠?"

"하하, 그것도 좋은 방법이네."

내가 성장하고 싶으면 구성원을 성장시키라

박 선배는 잠깐 머리도 식힐 겸 자리를 옮기자고 했다. 창밖으로 공원이 한눈에 들어오는 큰 창이 있는 회의실이었다.

"우아~, 공원이 바로 보이니까 눈이 시원한데요. 이렇게 가까이 있는데도 저 안에 들어가 본 적이 없어요."

"많은 직장인이 그렇게 살지. 얼마 전에 한 회사 연수원에 강의하러 가서 '이렇게 멋진 환경에서 근무해서 좋으시겠습니다.'라고 했더니 '저희 연수원에서 근무하는 사람들은 창밖도 보지 않고 컴퓨터 앞에서 일만 합니다.'라고 하더라고. 본인도 최근에 건강에 이상이 생기면서 자기가 그 모습으로 살고 있다는 걸 깨닫고는 일하다가 잠깐씩이라도 산책을 한대."

"그러고 보니 일하다가 가끔씩 창밖을 보면 일의 능률도 올라간다는 얘기를 들은 기억이 나요."

"맞아. 창밖을 보면서 느껴지는 공간에 생각을 내려놓으면 오히려 더 창의적인 생각을 하게 되지. 그래서 자리를 옮기자고 한 거야. 보여 줄 것도 있고 말이야."

박 선배는 모니터에 자료를 띄웠다.

"그래프네요?"

"우리가 이제까지 이야기한 피드백이 실제로 조직에서 어떤 영향을 미치는지를 연구한 결과야. 2014년도 미국교육훈련협회 (ASTD-ICE)[1]에서 발표한 리더십 개발 분야의 자료지."

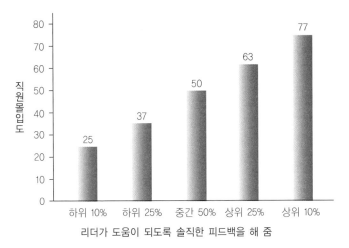

※ 리더가 구성원에게 도움이 되도록 솔직한 피드백을 했을 때
• 하위 10%: 몰입도 25점 • 중간 계층: 몰입도 50점 • 상위 10%: 몰입도 77점

피드백과 구성원 몰입도

"피드백이 조직 운영에 미치는 영향이 매우 크네요. 리더가 솔직하게 피드백을 해 주었을 때 상위 10%의 업무몰입도가 77점이나 되네요. 상위 25%도 63점의 몰입도를 보이고요."

---

1) 미국교육훈련협회(American Society of Training and Development International Conference and Exposition: ASTD-ICE)는 1994년 설립된 인재 개발, 교육 훈련 등에 관한 학술단체이다. 2014년 5월, 인재개발협회(Association for Talent Development: ATD)로 이름을 변경했다.

"2014년 갤럽에서 142개국 직장인을 대상으로 한 조사를 보면 직장인의 13%만이 업무에 몰입한다고 해. 한국은 11%로 더 낮아. 그런데 앞 도표를 보면 피드백을 제대로 했을 때 적어도 63점 이상인 35%가 업무에 몰입하게 된다는 거지."

"직원몰입도가 올라가면 당연히 회사를 그만두겠다는 사람도 줄겠네요."

"맞아, 이걸 보라고. 피드백을 적극적으로 찾아서 받으면 정착률이 86%까지 올라간다는 거야."

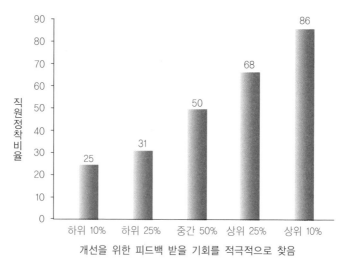

※ 개선을 위한 피드백 받을 기회를 적극적으로 찾는 사람들 중
 • 하위 10%: 정착률 25% • 중간 계층: 정착률 50% • 상위 10%: 정착률 86%

피드백과 구성원 정착률

"일을 할 만한 구성원들이 이직을 하면 조직을 운영할 때 정말 힘든데, 피드백이 어렵게 뽑은 구성원들이 안정적으로 일을 할 수 있게 해 준다는 거네요."

"자료 하나만 더 보여 줄게."

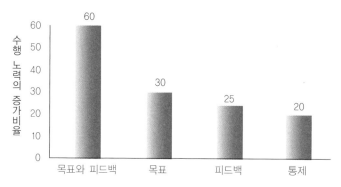

※ 피드백과 수행 노력의 관계
• 목표와 피드백을 함께 주었을 때: 60% • 목표만 주었을 때: 30% • 피드백만 주었을 때: 25% • 통제했을 때: 20%

피드백과 수행 노력의 관계[2]

"이 연구 결과도 상당히 흥미롭네요. 목표만 줄 때보다 목표와 피드백을 함께 줄 때 일을 수행하는 노력이 2배 이상 올라간다는 거잖아요."

"많은 리더가 목표를 정하고 나면 목표를 달성하는 데만 집중

---

2) 출처: Bandura, A., & Cervone, D. (1993).

하다 보니 구성원에게 적절한 피드백을 주어야 한다는 걸 놓치게 되지."

"목표를 달성하는 데 리더의 피드백이 필요하다는 생각은 못하고 제 뜻대로 따르지 않는다고 구성원들만 탓하고 있었네요."

"하하, 리더로서 자신을 돌아보게 된 걸 축하하네. 자, 오늘 피드백에 대해 얘기 나누고 나니 기분이 어떤가?"

"으음……, 그동안 피드백을 너무 모르고 살아왔다는 생각이 들어요. '피드백은 평가'라는 정도만 알고 있었는데 피드백이 이렇게 심오하다는 게 놀라워요."

"나는 오늘 나눈 이야기를 자네가 잘 이해하고 받아들여 줘서 고맙네. 자네가 그동안 더 나은 리더가 되려고 많이 애쓰고 고민했기 때문일 거야."

"선배님이 고맙다고 하시니까 이상해요. 제가 감사하죠. 오늘 제 시야가 넓어진 기분이 들어요. 감사합니다."

"하하, 내가 왜 자네한테 감사한지 자네도 차차 알게 될 거야. 자, 오늘은 여기까지인데 몇 가지 숙제가 있어. 한 세션이 끝날 때마다 돌아가서 거울을 보라는 거야."

"거울을 보라고요? 아까 잠깐 볼 때도 제 얼굴을 쳐다보는 게 불편하고 힘들었는데 계속 보라고요?"

"응. 거울에 비친 자네 얼굴을 보면서 자네 안에 뭐가 있는지 들여다 봐봐. 내가 자네의 상황과 행동에 대해서는 계속 피드백을 해 줄 거야. 하지만 그게 자네 깊숙이 내면화되려면 그 행동을 왜 했는지, 감정은 어땠는지 스스로 알아차려야 하거든. 거울을 보면서 자네의 존재 자체를 느껴 보라는 거야. 처음에는 어색할 거야. 그래도 계속하다 보면 놀라운 걸 발견하게 될 거야."

"전혀 상상하지 못했던 숙제를 내 주시네요. 다른 숙제는요?"

"다음에 만날 때까지 나와 공부한 걸 실천해 보는 거지. 다음에 만나기 전까지 회사에서 어떤 노력을 해 보겠나?"

"저도 피드백을 잘하고 싶지만 아직은 어떻게 해야 할지 잘 모르겠어요. 우선은 제가 어떻게 하고 있는지 관찰부터 해 볼게요."

"아주 좋은 생각이야. 다음번에 어떤 얘기를 듣게 될지 기대되는군. 숙제가 하나 더 있네. 자네가 오늘 나와 나눈 얘기를 간단하게라도 정리해서 보내 주면 좋겠어. 그래야 나도 자네가 얼마나 이해했는지 알 테니까 말이야. 어떤가? 할 수 있겠나?"

"네. 저도 잊기 전에 기억해 둘 것은 메모를 해야겠다고 생각하고 있었어요. 대신 제 맘대로 자유롭게 해도 되죠?"

"하하. 물론이네. 형식과 분량 모두 자유네."

"선배님, 오늘 정말 감사했습니다."

"나도 덕분에 즐거웠네. 2주 지나고 보세."

강 팀장의 피드백 성찰 **Note**

오늘의 느낌

• 내 문제를 상의할 파트너가 있다는 게 구원군처럼 참 든든하다.

• 동굴 속에 갇혀 있다고 생각했는데, 박 선배를 만나고 나니 터널 속으로 들어온 것 같다. 터널은 출구가 있지 않나.

기억할 내용

• 피드백은 상대를 향해 비춰 주는 거울이다.

• 피드백은 평가 기간에만 이뤄지는 일이라고 생각해 왔는데. 우리는 의식하지 않는 사이에 쉼 없이 피드백 거울을 사용하고 있다.

• 다른 사람에게 받는 피드백은 나를 긴장시키고 불편하게 하지만 신선한 긴장을 주어 나를 성장시킨다. 이런 게 창조적 긴장인 모양이다.

• 피드백을 못 받으면 직원은 무능해지고 리더는 독재자가 된다고 한다. 명심하자.

• 무엇보다 나 자신을 주기적으로 거울에 비추어 보자.

• 리더가 구성원에게 도움이 되도록 솔직한 피드백을 했을 때 구성원의 업무 몰입도나 리더십이 향상된다.

• 목표와 피드백을 함께 주었을 때 목표만 주었을 때보다 수행 노력이 훨씬 더 증가한다.

피드백이란 무엇인가

1. 피드백은 거울이다

피드백이란 물리학에서 입력(input)과 출력(output)을 갖춘 시스템에서 출력의 결과를 목표치와 비교하여 앞 단계로 되돌려 입력을 변화시키는 제어 시스템을 말한다. 심리학에서는 진행된 행동이나 반응의 결과를 본인에게 알려 주는 일이라 한다. 이러한 개념은 물리적·심리적 메커니즘뿐만 아니라 여러 방면에서 응용되고 있다. 전자기 피드백 시스템에서는 출력 센서가 있어 원래 정해진 출력에 미치지 않으면 센서가 작동해 자동으로 입력에 영향을 미쳐 기대하는 출력을 나오게 하는 과정이 피드백이다.

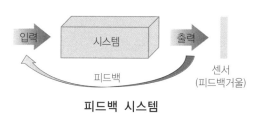

피드백 시스템

그러나 사람의 활동에서는 자동 센서가 작동하지 않기 때문에 그것을 비추어 주는 거울이 필요하다. 이러한 거울 역할을 해 주는 것이 피드백이다.

2. 왜 피드백인가

살아 있는 모든 생물은 스스로 생명을 유지하기 위한 생태적 피드백 시스템을 가지고 있다. 우리 몸도 적정한 체온을 유지하기 위해 완벽한 피드백 시스템을 가지고 있다. 예를 들면, 몸의 수분이 일정량 이상으로 유지되어야 하는데 어느 수준 이하로 떨어지면 목마름의 신호를 보내는 것과 같다. 생체 조직이 그러한 피드백 시스템을 갖추고 있는 것처럼 살아 있는 조직이라면 구성원 간의 갈등을 완화시키고 원활한 소통을 통해 성과를 지속적으로 유지하기 위해 피드백 시스템이 반드시 필요하다.

일반적인 조직 내의 피드백은 상대방의 성장을 돕기보다는 성과 평가를 위주로 하기 때문에 성장 가능성에 대한 인정과 격려보다는 성과 미달에 대한 비난과 질책의 느낌을 더 많이 갖게 된다. 또한 평가 피드백에서 지적받은 것을 교정해 더 잘할 수 있도록 하는 코칭이 뒤따르지 않기 때문에 좀처럼 동기 부여가 되지 않고 유사한 현상이 되풀이되고 있다. 그러므로 진정한 피드백은 단순한 평가(assessment)라기보다는 관심 있는 사람들의 가치 있는 성장(evaluate)을 위해 진정성을 가지고 필요한 사항을 전해 주는 용기 있는 사랑이다. 이러한 과정을 이 책에서는 피드백 코칭이라 부른다.

3. 피드백의 효과

살아 움직이는 조직이라면 피드백 시스템이 반드시 필요하다. 조직에서 구성원들은 계획에 따라 목표를 달성하려고 노력하지만, 실제로 성과가 만족스럽지 못한 경우가 종종 있다. 이런 경우, 그런 결과가 도출된 과정을 함께 살펴보고, 근본 원인을 찾아서 계속 수정해 주는 피드백이 필요하다. 피드백은 목표는 무엇이었고, 그것을 위해 무엇을 잘했고, 무엇을 보완해야 하는지, 그리고 앞으로 어떻게 해야 할지를 개인적으로나 시스템적으로 계속 보완하게 한다. 그래서 경영학의 대부 피터 드러커는 "역사상 알려진 유일하고도 확실한 학습 방법은 피드백이다."라고 말했다.

구성원이 문제일까?
리더가 문제일까?

"우리 조직에 저항세력이 있는 게
제 잘못만은 아닌 거네요.
저항세력이 존재하는 건
어느 조직에서나 겪는 문제니까
저도 풀면 되겠네요."

금요일 6시. 강 팀장은 박 선배 사무실을 향해 뛰다시피 걸었다. 4시에 시작된 회의가 예상보다 길어져 끝나자마자 사무실에서 서둘러 나와야 했다. 박 선배 사무실에 도착하니 이야기할 내용으로 보이는 자료를 모니터에 띄우고 있었다. 테이블에는 차 두 잔이 놓여 있었다.

"선배님, 조금 늦었습니다. 죄송합니다."

"어서 오게. 얼굴이 상기된 걸 보니까 급하게 왔나 보네? 5분 정도 있다가 시작할 거니까 차 마시면서 한숨 돌리게."

박 선배는 강 팀장을 두고 방을 나갔다. 강 팀장은 차를 마시며 오늘 바빠서 못 열어 본 메일들을 하나씩 확인했다. 잠시 뒤 다시 돌아온 박 선배가 강 팀장 얼굴을 가만히 들여다본다.

"선배님, 왜 그렇게 보십니까? 제 얼굴이 이상한가요?"

"내가 아까 5분의 시간을 자네한테 줬잖아. 그 5분을 온전히 쉬면 자네한테 뭔 일이 생기던가?"

"큰일이야 생기겠습니까? 그래도 확인 못한 메일이 있으면 궁금하니까 열어 봤지요."

"그렇지? 그럼, 나하고 약속 하나만 더 하자고. 하루에 세 번이라도 5분씩 아무것도 안 하고 멍하니 있어 보는 거야. 어떤가?"

"마음먹으면 못할 일은 아닌 것 같긴 한데, 고작 5분씩 쉰다고 그게 어떤 효과가 있을지는 잘 모르겠는데요."

"그렇게 생각할 수 있지. 어쨌든 해 보는 거야. 어떤지는 나중에 얘기하자고. 그래, 어떻게 지냈나? 숙제를 어떻게 했는지 궁금하네."

"네……, 그게…… 한다고 했어요. 제가 피드백을 어떻게 하는지 저를 관찰해 보기로 했잖아요? 저는 지난번에 나눈 이야기 중에서 피드백을 잘하면 '평가받는다는 긴장감' '관심받고 있다는 안정감' '개선할 점을 알게 되는 안도감' '더 잘할 수 있겠다는 자신감'까지 준다는 내용이 많이 와닿았거든요. 그래서 제 피드백은 우리 구성원들에게 어떤 걸 주는지 관찰해 봤는데요, 저는 지난번에 선배님하고 얘기하면서 제가 피드백을 잘 못하고 있다고 생각했는데, 저를 관찰해 보니까 제가 그걸 하고 있더라고요. 평가도 해 주고, 관심도 보이고, 개선할 점도 알려 주고, 자신감을 갖도록 격려도 하고 있더라는 말입니다."

"음, 그랬구먼."

"그런데……, 지난번에 피드백은 분명 선물이라고 하셨는데 구성원들은 전혀 선물을 받는 것 같지 않았어요. 저는 저 나름대로 애정을 담아서 말했는데 뭐가 잘못된 건지 모르겠어요."

"하하하. 숙제를 잘했네. 스스로를 돌아보기 시작한 것만으로도 훌륭한 출발이야. 거기다 자네가 하는 피드백의 개선점을 찾으려는 노력도 하고 있잖아. 그 궁금증을 갖고 계속 자네를 관찰해 보게. 아마 차차 풀게 될 거야."

"그리고, 거울을 보라고 하셨잖아요. 그래서 거울 앞에서 얼굴을 마주하긴 했는데 별로 보고 싶지 않았어요. 거울을 보면서 존재를 느껴 보라고 하셨는데, 그게 무슨 말인지 솔직히 모르겠어요."

"괜찮아. 거울을 마주했을 때 보고 싶지 않은 감정을 느꼈다는 것도 아주 잘한 거야. 다음에는 거울을 보며 그 감정이 왜 생겼을지 좀 더 생각해 봐."

"네. 여전히 아리송하지만 해 볼게요."

문제를 객관적으로 보면 가벼워진다

———

"오늘은 이 그림을 보면서 시작하려고 해. 자, 보게나."

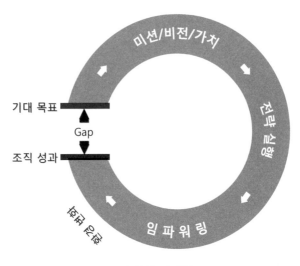

미션/비전/가치

전략 실행

기대 목표

Gap

조직 성과

임 파 워 링

성과 평가

조직 운영 사이클

"선배님, 저 원을 따라 제 눈도 빙글빙글 도는 것 같아요."

"하하, 조금만 찬찬히 봐봐. 조직의 비전을 정하고 전략을 실행하다 보면 조직의 성과와 기대했던 목표 사이에 갭(gap)이 생긴다는 거야."

"조직의 성과와 목표 사이에 갭이 생긴다고요? 저 얘기는 갭이 생기는 게 당연하다는 거잖아요. 저는 목표에 도달하지 못해서 갭이 생기는 게 문제라고만 생각했거든요."

"그러면 갭이 문제가 아니라 뭐라는 생각이 드는가?"

"단순하게 얘기하면 갭이 좋은 거라는 생각이 들었어요. 갭이 없는 조직이 건강한 게 아니라 갭이 있어서 오히려 그 조직이 활력을 갖고 굴

러간다는 거잖아요."

"호오~, 갭의 중요성을 제대로 파악했구먼. 그래서 리더는 또한
이 갭을 만들어 내는 것도 중요해."

"갭을 만든다고요? 그건 또 무슨 뜻인가요?"

"리더는 갭을 줄이기 위해 노력하는 것도 중요하지만 환경의 변
화에 따라 새로운 갭을 만들어 내는 것도 중요하다는 거야. 새로운
도전 목표를 만들어서 갭을 벌린다는 거지."

"도전 목표가 갭을 벌린다고요?"

"도전 목표가 새롭게 생기면 새로운 갭이 생겨날 수도 있고, 기
존의 갭이 더 벌어질 수도 있지."

"갭이 벌어지면 조직은 더 긴장하게 되겠네요."

"바로 그거야. 조직은 갭이 만들어 내는 긴장 관계 속에서 창의
적인 성과를 낼 수 있거든."

어디에나 저항세력은 존재한다

"자, 이제 조직 내 저항세력에 대한 얘기로 넘어가 볼까? 이 그림
을 보게나."

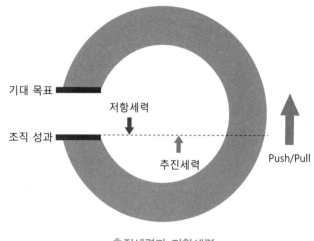

추진세력과 저항세력

"음~, 이것도 아까처럼 찬찬히 보면 이해할 수 있는 거죠?"

"당연하지. 조직의 성과를 올리려면 저항세력의 힘을 줄이고 추진세력의 힘을 키워야 한다는 의미야."

"추진세력은 애를 쓰고 있는데, 저항세력이 내리누르고 있어서 조직이 성과를 올리기 힘들게 하고 있네요. 답답해요. 그런데 답답한 한편으로 이번에도 뭔가 위로받는 기분도 들어요."

"그래? 위로받는 기분은 어째서 든 건가?"

"조직을 운영하는 데 갭이 생기는 게 당연하다고 한 것처럼 저항세력이 존재하는 것도 당연하다고 하니까 위로받는 마음이 들었어요. 저를 따르지 않는다고 생각하는 구성원들 때문에 절망하고, 심지어 회사를 그만둘까 하는 생각까지 했거든요. 그런데 저항세력이 존재하는 건 어느 조직에서나 겪는 문제니까 저도 풀면 되는 거라는 생각이 들어요."

"저항세력을 다른 관점으로 보게 되다니 훌륭하군. 좋았어. 그러면 이들을 추진세력으로 바꾸면 어떨 것 같은가?"

"어휴~, 저항세력이 추진세력으로 바뀐다니 그렇게 되면 속이 뻥 뚫릴 것 같아요."

"하하, 자네 속이 시원하게 뚫리도록 내가 돕겠네.

"그런 날이 어서 왔으면 좋겠어요. 그런데 저 옆에 있는 풀(pull)과 푸시(push)는 뭔가요?"

"저항세력을 추진세력으로 바꾸는데, 어떤 리더십을 발휘할 것인가 하는 거야. 푸시형이 밀어붙이는 리더십이라면 풀형은 사람을 끌어당겨 스스로 하도록 만드는 리더십이야."

"푸시형은 성과 중심이고, 풀형은 사람 중심 리더십 같아요. 풀형 리더십이 이상적이긴 하지만 조직에서 성과를 내려면 푸시형 리더십이 더 필요하지 않을까요?"

"단기적인 성과를 내는 데 푸시형이 더 유용할지 모르지만, 장기적으로는 조직을 갉아먹는 결과를 가져올 수 있어. 더구나 푸시형 리더십으로 저항세력을 추진세력으로 바꿀 수 있을까?"

"아……, 사람의 마음을 움직여야 하니 푸시형 리더십으로는 힘들겠네요. 하지만 풀형 리더십은 시간도 많이 걸릴 것 같고, 조직에서 적용하기에 현실성이 있을지 잘 모르겠어요."

"신뢰 관계가 만들어진다면 풀형 리더십으로도 단기적인 성과에 스스로 몰입하게 만들 수 있어."

"솔직히 아직은 저한테는 이상적인 얘기로 들려요."

"그럴 거야. 앞으로 우리가 공부할 피드백 코칭을 익히게 되면 풀형 리더십을 자연스럽게 익히게 될 거야. 그게 이상적이지만은 않다는 것도 알게 될 거고."

"오늘은 자네 상황을 좀 더 잘 알기 위해서 자네 조직의 저항세력과 추진세력에 대해 구체적으로 얘기를 해 봤으면 하는데 어떤가?"

"아, 그 얘기를 해도 될까요? 선배님 앞이니까 편하게 얘기할게요. 제가 지금 저항세력 때문에 숨이 막히거든요. 음……, 많지만 가장 힘든 사람이 두 명 있어요."

"좋았어. 그럼 그 두 명의 얘기를 들려주게."

"자재 파트를 맡고 있는 김 과장인데요, 초기에는 저와 아주 잘 지냈어요. 제가 사업팀장으로 발령받아 왔을 때 저를 향해 의심스런 눈빛을 보내는 사람들도 있었는데, 김 과장은 저를 따뜻하게 대해 주고 제 의견에 늘 긍정적이었어요. 그런데 몇 곳 거래업체와 불합리한 거래를 하고 있는데, 개선하려고 하지를 않아요. 처음에 분명 조직 혁신을 위해 신규시장 진출 모색과 더불어 기존 업체와의 거래 관계를 개선하자고 목표를 함께 세웠거든요. 제가 봤을 때는 편하고 좋은 관계를 깨기 싫어서 그러는 게 아닌가 싶어요."

"그렇게 보일 수 있겠네."

"처음에는 저한테 우호적인 줄 알았는데, 요즘 생각해 보면 제 앞에서만 좋게 좋게 넘어가려고 한다는 생각이 들어요."

"처음에는 관계가 좋았다가 안 좋아져서 더 힘들겠구먼. 또 한 사람은 누군가?"

"또 한 명은 영업 파트를 맡고 있는 최 차장이에요. 최 차장은 일을 잘해요. 판단도 빠르고 추진력이 있어서 회사에서 인정받아 온 사람이에요. 그런데 최근에 좋은 조건으로 거래하던 회사와 관계를 끊어 버렸어요. 그 회사가 입금을 제때 안 해서 언쟁이 있었던 것 같아요."

"그런 일이 있었구먼."

"다른 구성원들 얘기를 들어보면 최 차장이 예전에도 가끔 이런 일이 있었대요. 마음에 안 들면 아예 거래를 중단하곤 했답니다. 사실 시장 상황이 좋을 때야 상관이 없었지만, 매출이 줄고 있는 상황에서 그런 이유로 끊어 버리면 안 되거든요."

"자네가 답답했겠네."

"거기다 신규시장 개척에 대해 저와 의견이 달라요. 저는 우리가 시도해 보지 않은 해외시장을 개척해야 승산이 있다고 보는데 최 차장은 지금 수출하는 나라 중에서 좀 더 확대할 수 있는 방안을 찾아야 한다는 겁니다."

"손발 맞춰 일해야 하는 파트장이 자네와 생각이 달라서 힘들었겠어."

"네. 힘들어요. 최 차장이 워낙 확신을 갖고 말하는 스타일이다 보니 저도 그 앞에서 강하게 제 의견을 말하기가 힘들어요. 솔직히 팀장도 구성원들 눈치를 안 볼 수 없잖아요. 게다가 최 차장은 일을 잘하다 보니까 저도 큰소리 내고 싶은 걸 참을 때가 많아요."

"그랬구먼. 그 두 사람과 지금 가장 힘든 관계에 있다는 거네. 그러면 추진세력은 어떤가?"

"추진세력에 대해서는 생각해 보지 않았는데, 음……, 큰 목소리를 내지는 않았지만 제 생각을 지지하는 구성원들이 있기는 해요."

"저항세력을 추진세력으로 바꾸는 것도 중요하지만, 이미 있는 추진세력을 활용하는 것도 매우 중요해."

"추진세력의 도움을 받을 수 있다는 생각을 왜 해 보지 않았을까요? 그들에게 힘을 더 실어 주면 지금 처한 문제가 조금 더 잘 풀릴 것 같아요. 갑자기 지원군을 얻은 기분이에요."

"하하. 지원군도 생기고 축하하네. 오늘 공부는 여기까지네. 오늘 나눈 이야기가 어땠는가?"

"뭐랄까, 제가 맡은 조직을 좀 더 입체적으로 보게 된 것 같아요. 조직의 문제가 처음에는 한 덩어리로 보였는데 자세히 들여다보니

"까 새로운 느낌으로 다가와요."

"새로운 느낌이란 어떤 건지 궁금하네."

"한 덩어리로 뭉쳐서 볼 때는 문제가 뭔지 잘 안 보이고 막막했는데, 문제를 세분화해서 보니까 풀어야 할 부분이 좀 더 가볍게 느껴져요."

"자네가 가벼워졌다니 나도 즐겁네. 다음에 만날 때까지 무얼 해보겠나?"

"제가 놓치고 있던 추진세력에 대해 알아보고 싶어요. 누가 있는지, 그들이 어떻게 행동하는지 관찰해 볼게요."

"좋았어. 그리고 자네 숙제가 더 있지?

"거울 보기요? 이번에도 해 볼게요. 하루 세 번 5분씩 쉬는 것도 왜 그런 제안을 하셨는지 쉬면서 느껴 볼게요."

"그래, 화가 폴 고갱이 이런 말을 했어. '나는 보기 위해서 눈을 감는다 (I shut my eyes in order to see).' 짧은 시간이라도 멈추는 시간을 갖게 되면 잘 보이기도 하고 내면의 공간도 생겨나지. 오늘도 자네 덕분에 즐거웠네."

"아이고, 무슨 말씀을요. 귀한 시간을 저한테 주시는 게 황송할 따름입니다."

"하하. 그럼 서로 고마운 걸로 하지. 2주 지나고 보자고."

강 **팀장**의 피드백 성찰 **Note**

오늘의 느낌

- 문제가 덩어리로 보일 때는 막막했는데, 문제가 처한 상황과 위치를 보니까 가벼워 보인다.
- 그동안 저항세력만 생각하느라 에너지를 소진한 것 같다. 이제 추진세력에도 눈을 돌려야겠다.
- 최 차장과 김 과장 얘기를 박 선배에게 털어놓으니 좀 시원해졌다.

기억할 내용

- 조직 운영에는 성과와 목표 사이에 갭이 발생할 수밖에 없다.
- 환경의 변화에 따라 갭을 적절하게 만들어 내는 것도 리더의 역할이다. 그 갭이 만들어 내는 긴장 관계 속에서 창의적인 성과를 낼 수 있다.
- 어느 조직에나 저항세력과 추진세력이 존재한다.
- '눈을 감으면 더 잘 보인다.' 하루에 5분씩이라도 아무것도 하지 않는 시간을 갖는다.

어떤 조직이 지속성장하는가

1. 조직 운영의 최대 목적은 성과 창출이다

조직 운영의 목적은 여러 가지로 설명할 수 있으나 일반적으로 말하면 성과 창출이다. 그 성과를 어떻게 정의하느냐에 따라 성과의 의미가 달라진다. 이익 창출, 사회 공헌, 지속적 고객 창출, 사회 발전 기여 등 여러 가지가 있을 수 있다. 어떤 성과든 원래 조직에서 달성하고자 하는 목적과 목표를 달성하면 성과를 달성했다고 볼 수 있다. 조직의 목적과 목표는 시대 환경의 변화에 순응해 자연스럽게 바뀐다.

짐 콜린스(Jim Collins)는 『위대한 기업의 선택』(2012)에서 "상황과 환경 변화에 따라 '줌아웃(Zoom out: 점점 화면에서 멀어지면서 대상이 작게 보이게 하는 촬영기법)'하거나 '줌인(Zoom in: 특정 부분을 확대하는 촬영기법)'한다. 상황 변화를 감지하고 효과적으로 대응하기 위해 극도로 긴장을 유지한다. 위험을 느낄 때는 위험이 얼마나 빨리 다가오는지, 그리고 계획에 변화가 필요한지 판단하기 위해 멀리 객관적으로 볼 수 있도록 줌아웃한다. 그러고 난 뒤 목표 실행에 다시 초점을 맞춰 자신의 에너지를 집중하기 위해 줌인한다."고 하였다.

2. 조직은 갭의 긴장 관계로 유지된다

조직은 미션·가치·비전으로 방향을 설정하고, 전략 실행으로 조직을 한 방향으로 정렬하고, 구성원의 잠재력을 이끌어 내는 임파워링을 통해 성과를 추구한다. 그러나 조직을 운영하다 보면 원래 추구했던 목표와의 갭이 생겨나기 마련이다. 어쩌다 한 번씩은 원래 목표를 초과 달성할 수도 있지만 대부분 초기에는 도전적인 목표를 설정하기 때문에 목표에 미달하는 갭이 생기기 마련이다. 때로는 새로운 목표가 확장되면서 갭은 더 커질 수도 있다.

갭은 조직 전체에서나 부서 단위에서도, 더 나아가서는 개인에게도 나타난다. 갭을 줄이는 것은 물론이고 더 나아가 새로운 성과 창출 개념에 따라 새로운 갭을 만들어 내는 것이 조직을 효과적으로 운영하는 것이다.

3. 저항세력을 추진세력으로 만들라

조직에서는 갭을 줄이고 기대 목표를 달성하도록 하는 여러 추진 활동을 하게 되는데, 이럴 때마다 항상 저항세력이 존재한다. 조직은 저항세력을 줄이거나 추진세력화 하는 역량을 갖추어야 한다. 이것은 조직 단위에서 할 수도 있지만 가능하면 1:1 관계에서 풀어 나가는 것이 효과적이다. 일반적으로 리더 입장에 있는 사람은 추진세력 경향이 많고 하위직에 있는 사람은 저항세력 경향이 더 많은 편이다. 그러므로 구성원의 저항의지를 조직의 목표를 달성하도록 하는 추진 의지로 전환시키는 것이 필요하다.

저항세력을 추진세력화 하는 방법은 일반적으로 두 가지이다. 밀어붙이는 '푸시(push)형' 리더십이 있는가 하면 사람들에게 영향력을 미치고 끌어당겨 스스로 할 수 있도록 하는 '풀(pull)형' 리더십도 있다. 푸시형은 현실적인 문제해결에 집중한다. 이들은 단기적인 성과를 내는 것에는 유능하지만 장기적으로 서서히 조직을 갉아먹는 결과를 초래한다.

반면 풀형은 조직의 주체로서 조직을 장·단기적으로 온전히 책임지고 해결하려는 의지의 표현과 에너지를 가지고 있다. 흔히 풀형은 장기적으로는 효과가 있지만 단기적으로 효율적인 성과를 내는 데는 부정적이라는 오해가 있다. 그러나 일단 신뢰 관계가 형성되면 단기적인 성과 창출에도 몰입할 수 있는 에너지를 자발적으로 만들어 낸다.

리더의 필수조건이
바뀌고 있다

"그러니까 피드백 코칭이라는 건

컨설팅이나 티칭을 하더라도

결국에는 상대가 스스로 발견하고

선택할 수 있도록 해야 한다는 거죠?

말은 참 아름다운데요,

그게 어떻게 가능하죠?"

금요일 오후, 팀원들에게 일찍 퇴근하라고 이른 뒤 강 팀장은 박 선배의 사무실로 갔다. 박 선배는 함께 일하는 동료 두 명과 차를 마시며 이야기를 나누고 있었다. 강 팀장을 보더니 소개해 주고 싶어서 기다리고 있었다며 와서 앉으라고 했다.

　티타임 중인 테이블 주위로 크고 작은 화분 10여 개가 놓여 있었다. 지난번에 왔을 때는 큰 나무가 사무실 한쪽에 있나 보다 했는데, 안쪽으로 작은 정원 같은 느낌의 공간이 있었다.

　"기다리고 있었네. 여기는 유 코치와 민 코치야. 인사하게."

　"처음 뵙겠습니다. 요즘은 금요일 이 시간이면 모든 일정을 비우시더라고요. 어떻게 하면 박 코치님의 관심을 한몸에 받을 수 있는지 궁금한 걸요."

　"허허~, 내가 겪었던 상황과 비슷해서 도움을 주고 싶은 거야. 내가 같이 일할 때 강 팀장한테 진 빚이 있다니까."

　"그렇잖아도 선배님이 말씀하시는 빚이 뭔지 궁금했어요. 이제

애기해 주세요."

"하하. 그럴까? 아주 오래전 이야기네. 자네가 우리 전략기획팀으로 발령을 받아 왔을 때 나는 슬럼프에 빠져 있었어. 그 당시 기획했던 일들이 연이어 성과를 내지 못했고, 보고 때마다 윗분들한테 깨지기만 했어. 수렁에 빠진 기분이었지. 자신감은 바닥으로 내려갔고. 팀원들 보기에도 낯이 안 서고, 뭘 해도 잘 되지 않을 것 같다는 생각이 들었어. 회사를 떠나야겠다고 생각했지. 집에서 아내하고도 사소한 일로도 싸우게 되고, 땅만 보고 한숨만 쉬고 회사를 다니던 시절이었지."

"선배님에게도 그런 시절이 있다는 게 상상이 안 되는 걸요."

"그런 상황에서 강 팀장님이 어떻게 도움을 주셨는데요? 얼마나 대단한 걸 줬기에 이렇게 긴 세월을 지나서 빚을 갚고 계신 거죠?"

"흐음~, 한마디로 말하면 이 친구의 긍정성이 나를 살렸어. 그날도 기획 보고를 들어갔다가 혼만 나고 나왔어. 보고 결과를 팀원들과 공유하는 데 이 친구가 '팀장님, 문제점을 알았으니 고치면 되겠네요.' 하는 거야. 그 순간 뒤통수를 한 대 맞은 기분이었어. 지금 생각하면 참 바보 같지만 계속 안 되는 일을 경험하다 보니 '이번에도 또 안 됐구나, 앞으로도 안 되겠구나.' 이런 생각에만 빠져 있었던 거야."

"강 팀장님의 한마디가 생각의 전환을 가져오게 한 거네요?"

"맞아. 그 후로 내가 강 팀장의 행동과 말을 더 주의 깊게 보게 되었어. 이 친구한테는 실패라는 게 없더라고. 내가 혼을 내도 금세 다시 와서는 팀장님 말씀을 듣고 수정해 보았다고 다시 봐 달라는 거야. 그런 모습을 보며 '이 친구는 나를 믿는구나.'라는 생각이 들었어. 뿌듯해지고 책임감이 다시 생기게 만들더라고."

"강 팀장님이 박 코치님 코치 역할을 한 거네요. 믿어 주고 응원해 주면서 박 코치님 안에 있는 힘을 끌어내 준 거네요."

"하하. 맞아. 마침 오늘의 주제가 코칭이라네. 강 팀장, 우리는 회의실로 들어가세나."

"강 팀장님, 오늘도 우리 박 코치님께 에너지를 많이 넣어 주시길 부탁드립니다."

"무슨 말씀을요. 저는 선배님에게 배우는 사람인 걸요."

"저희가 보기에는 박 코치님이 요즘 강 팀장님 만나면서 더 에너지를 얻고 계신 것 같아요. 무척 신이 나셨어요."

"맞아. 나도 요즘 강 팀장 덕에 자료 정리도 다시 하고, 코칭 이론도 재정립하고 있어. 이래저래 내게도 소중한 시간이야."

코칭하지 않으면 리더가 될 자격이 없다

———

강 팀장과 박 선배는 회의실로 들어갔다. 강 팀장은 창가로 가서 공원을 잠시 내려다보다가 자리에 앉았다.

"선배님, 아까 그 작은 테이블이 있던 공간을 보고 깜짝 놀랐어요. 어떻게 사무실 안에 그렇게 아늑한 공간을 꾸밀 생각을 하셨어요?"

"나도 어느 회사에 코칭 하러 갔다가 보고 배운 거야. 구성원들의 창의성을 끌어내기 위해 다양한 방법으로 공간을 꾸며 보았대. 거기서 간단한 회의나 면담도 한다는데, 분위기가 자유로우니까 더 깊은 얘기를 나누게 된다고 하더라고."

"그렇군요. 그래서 저도 여기에 오면 저도 모르게 마음을 열게 되나 봅니다. 그나저나 아까 선배님이 하신 이야기를 듣고 많이 놀랐습니다."

"사실은 나도 자네 덕분에 변화했다는 걸 그때는 몰랐어. 나중에 코칭을 공부하면서 깨달았지. 그때 자네의 말 한마디, 행동 하나가 나에게 에너지를 불러일으켰다는 걸 말이야. 고맙네."

"하하! 무슨 말씀을요. 저는 횡재한 기분이에요."

"우리 이런 낯간지러운 얘기는 그만하고, 지난 2주를 자네가 어떻게 보냈는지 들어보자고."

"제가 추진세력에 대해 생각해 보겠다고 했잖아요."

"그래, 어떤가?"

"자재파트에 있는 하 대리와 마케팅파트를 맡고 있는 이 과장이 눈에 들어왔어요. 이들이 평소에 자기 의견을 강하게 얘기하지 않아서 잘 드러나지 않았는데, 회의 때마다 차분히 관찰해 보니 제 생각을 지지하고 있더라고요. 그러고도 몇 명 더 눈에 들어왔어요."

"이야~, 지원군을 많이 찾았구먼."

"그러게요. 최 차장과 김 과장 목소리가 크니까 거기에 집중하느라 다른 사람들을 제대로 보지 못했다는 걸 알게 됐어요."

"축하하네. 이제 추진세력을 어떻게 할 건가?"

"고민하고 있는데요, 중요한 임무를 더 맡겨 보려고 해요."

"좋은 생각이야. 어떤 과제에 참여시키는 것만으로도 추진세력의 힘을 더 활용할 수 있지. 그래, 거울은 봤는가?"

"네. 그 숙제 참 마음에 안 들긴 하지만 약속을 한 거니까 노력은 했어요. 지난번에 왜 불편한 감정이 생기는지 생각해 보라고 하셔서 잠깐 생각해 봤는데 잘 안 돼요. 어색하고 불편하고 싫으면 그냥 그런 거지 그 감정이 왜 생겼는지까지 알아야 하나 하는 생각도 들었고요."

"잘했네. 그래도 다음에는 그 불편한 감정을 더 지켜보길 바라네."

"해 보죠, 뭐. 그런데요, 선배님. 이런 질문 드리는 게 좀 죄송한데요, 지난번부터 계속 코칭이라는 말을 쓰시고 선배님이 코치라고 하셨지만 사실 코칭이 뭔지는 아직도 막연해요."

"그럴 거야. 코칭에 대해 얼마나 알고 있나?"

"코칭이라는 단어는 익숙해요. 리더십 교육에 참여하면 구성원을 코칭하라는 얘기를 늘 듣거든요. 하지만 교육을 받고 오면 잠깐 뭔가 흉내 내려다가 금방 잊어버리곤 했어요."

"그랬구먼. 자네한테 중요하게 와닿지 않았던가 보네."

"맞아요. 솔직히 현실적이지 않다는 생각을 했거든요. 구성원들의 의견을 들어주고 기다려 주라는데, 막상 일을 하다 보면 그렇게 안 되잖아요. 그러니까 며칠은 적용해 볼까 하다가도 바로 잊어버리게 되더라고요."

"나도 코칭을 처음 배울 때 그런 생각을 했다네. 좋은 얘기지만 기업 현장에 적용하기에는 현실성이 떨어진다고. 그런데 공부를 계속하다 보니 코칭이 기업의 성과를 올리는 데 매우 강력한 힘을 갖는다는 걸 알게 됐어."

"그런 사례가 있어도 일반적이지는 않을 것 같은데요."

"우리나라에서는 코칭의 역사가 길지 않아서 자네처럼 생각하는 사람이 많은 게 현실이지. 하지만 우리나라도 대기업은 물론 중소 기업으로 코칭이 많이 확산되고 있고, 코칭을 적용하는 학교도 늘어나고 있어. 특히 외국 기업들은 코칭으로 회사를 살린 경우가 많아. GE의 전 회장인 잭 웰치(Jack Welch)도 코칭 경영자로 정평이 나 있어. 잭 웰치가 '앞으로 코치가 아닌 사람은 승진하지 못할 것이다. 매니저 코치가 표준이 될 것이다.'라면서 자기 일의 70%를 구성원 육성에 사용한 것은 유명한 얘기지(Jeck Welch, 2015)."

"잭 웰치가 '내 업무의 70%는 인재 계발에 쓴다.'고 한 말은 저도 알고 있어요. 그게 구성원을 코칭하는 일이었군요?"

"맞아. 잭 웰치는 누구보다 코칭의 중요성을 잘 아는 사람이었어. 아무리 큰 조직도 결국은 개인으로 이루어져 있잖은가. 리더가 조직의 구성원들로 하여금 스스로를 중요한 사람으로 느끼게 해 준다면 그 구성원들은 머리와 기술뿐만 아니라 마음과 영혼까지도 조직에 헌신하게 되는 거지. 조직의 성공 비결은 구성원 한 사람 한 사람을 어떻게 대하느냐에 달려 있다는 거야. 잭 웰치는 이 원리를 잘 이해한 리더였던 거지."

"하지만 잭 웰치와 제 수준은 너무 갭이 크네요."

"아까 얘기했잖은가? 자네는 이미 오래전에 나를 코칭했다고. 코칭 역량을 자네 안에 갖고 있다고."

"솔직히 그렇게 말씀하셔서도 제가 그런 역량이 있을 거라는 게 잘 와닿지는 않아요."

"아직은 그럴 수 있어. 괜찮아. 내가 자네 안에 있는 가능성을 발견하도록 도와줄 거니까. 코칭이 바로 사람 안에 있는 가능성을 끌어내서 사람들이 원하는 곳으로 스스로 갈 수 있도록 돕는 거거든. 이 말을 꼭 기억해 두게."

"네. 알겠습니다. 그런데 저도 모르는 제 가능성을 선배님이 찾아 준다는 게 말이 되는 건가요?"

"아직 못 믿겠다는 말이군. 코칭을 좀 더 알게 되면 내 말을 이해하게 될 거야."

"진짜죠? 기대됩니다."

"그런 의미에서 코칭은 임파워링이라고 할 수 있어."

"임파워링이요?"

코칭은 임파워링이다

"임파워링을 제대로 알려면 시간이 많이 필요하지만, 간단하게라도 의미를 이해하면 코칭을 이해하는 데 많은 도움이 될 거야. 우선 미국 콜롬비아대학교 데이비드 호킨스(David Hawkins) 교수가 저술한 『의식혁명』(2011)에서 파워(Power)와 포스(Force)를 구분해서 설명하고 있는데, 한번 보게나."

"보통은 '힘'이나 '권력'을 의미할 때 파워나 포스를 같은 말로 사용하지 않나요? 비슷한 말인 줄 알았던 두 단어를 엄청나게 차이가 있는 걸로 보고 있네요?"

"호킨스 교수가 파워와 포스를 구분해 놓은 것은 리더십 유형과도 관련이 있어. 리더가 구성원을 성장시키는 서포트형 리더십을 발휘하려면 당연히 파워를 사용할 것이고, 강압적으로 지시하고

파워와 포스

Power(참된 힘)	Force(위력)
끌어당김, 잠재력의 힘	밀어붙임, 역지력의 힘
자발적으로 동기부여를 통한 리더십	강압적인 동기부여를 통한 리더십
평화적 에너지(Power of Love)	폭력적 에너지(Army Force)
수단과 목적이 같음	목적이 수단을 정당화
긍정적인 감정, 생각, 행동, 결과	부정적인 감정, 생각, 행동, 결과

명령할 때는 포스를 사용한다는 거야."

"파워는 구성원 안에 있는 잠재력을 끌어내게 돕는 힘이고, 포스는 강압적으로 일을 하게 만드는 힘이라는 거네요. 그런데 이것과 임파워링은 무슨 상관이 있는 건가요?"

"좋은 질문이야. 구성원들의 내면에 있는 파워(Power)를 이끌어내는 게 '임파워링(Empowering)'이거든."

"그러니까 임파워링은 자발적으로 동기부여 되도록 한다는 건가요?"

"맞아. 임파워링 리더십을 발휘하면 구성원의 잠재력을 끌어내어 긍정적인 생각과 감정, 행동을 유도하게 되어 조직은 성공할 것이고, 반대로 포스를 사용하는 강압적인 리더십을 발휘하면 부정적 생각, 감정, 행동, 결과를 초래하게 되어 결국 조직이 실패하는 거야."

"평소에 별로 문제라고 생각하지 않고 사용했던 포스가 조직의

리더의 필수조건이 바뀌고 있다   73

실패로까지 이어질 수 있다는 얘기는 좀 무서운데요."

"자네처럼 이제까지는 많은 리더가 포스가 문제라고 생각하지 않았지만 앞으로는 파워를 사용하는 임파워링이 점점 더 중요해질 거야. 이 말을 보게나. 클라우스 슈밥(Klaus Schwab) 세계경제포럼 회장이 저서 『클라우스 슈밥의 제4차 산업혁명』(2016)에서 말한 내용이야."

"제4차 산업혁명이 경제와 기업 비즈니스, 정부와 국가, 사회, 그리고 개인에게 미칠 잠재적 영향력은 단 하나의 힘에서 비롯된다. 바로 임파워먼트다."

"음……, 4차 산업혁명 시대에 조직을 제대로 운영하기 위해서는 임파워먼트가 반드시 필요하다는 얘기네요. 그런데 아까 코칭은 임파워링이라고 하셨잖아요. 코칭이 왜 임파워링인가요?"

"맥락을 놓치지 않고 질문해 줘서 고맙네. 아까 내가 기억하라고 한 코칭의 정의 기억하나?"

"제가 기억력이 썩 좋지는 않지만 그래도 기억합니다. 제 안에 있는 가능성을 끌어내서 제가 원하는 곳으로 갈 수 있도록 돕겠다고 하셨어요. 맞죠?"

"거기에 자네 스스로 가도록 돕는다는 걸 추가하면 정확하게 기억한 거네."

"아, 아깝다. 단어 하나를 놓쳤네요. '스스로' 간다는 게 그렇게 중요한가요?"

"아주 중요해. 자네 안에 있는 무한한 가능성을 발견하게 해서 스스로 원하는 곳에 도달하게 하는 게 코칭이거든. 코치가 해결 방법을 알려 주는 게 아니라 스스로 찾게 한다는 거지."

"아, 그래서 첫 시간에도 제 문제를 풀어 주는 게 아니라 '스스로 해결하도록 돕는다.'는 걸 강조하신 거군요?"

"기억하는군. 이제 왜 '코칭은 임파워링이다.'라고 했는지 알겠지?"

"선배님은 자꾸 제 머리를 쓰게 하시네요. 그냥 알려 주시면 편할 텐데 어떻게 생각하는지 매번 묻고, 기억하는지 또 묻고……."

"하하하. 그래서 힘든가?"

"솔직히 힘들지요. 하지만 한편으로는 쾌감도 생겨요. 선배님의 질문을 받고 대답을 할 때마다 제 안에 있는 생각을 새롭게 발견하기도 하고, 또 말하면서 생각이 정리되기도 하니까요."

"자네가 부담스러워하지만 또 질문을 해야겠네. 내가 보기에는 지금 얘기하면서 자네가 한 질문에 스스로 답을 찾은 것 같은 느낌이 드는데 어떤가?"

"음……, 그런 것 같아요. 선배님의 질문을 받고 대답하는 과정이 제가 성장하는 과정이라는 걸 깨달았어요. 그러니까 선배님은 제 잠재력을 계속 끌어내고 계신 거였어요. 이게 바로 내면에 있는 파워를 끌어내는 일, 즉 임파워링인 거고요. 그러니까 코칭은 잠재력을 끌어내서 스스로 원하는 목적지에 가도록 돕는 건데, 그러자면 내면에 있는 파워를 끌어내는 임파워링을 통해 가능하다는 거네요. 임파워링을 통해 파워를 키워 주고 그렇게 해서 일의 성과와 더불어 영역도 넓히도록 해 주는 것이 임파워먼트고요. 제대로 이해한 거 맞죠?"

"역시 팀장의 경험이 묻어난 대답이야. 아주 좋아."

피드백의 역효과를 막으려면 피드백 코칭을 하라

"우리가 첫 번째 시간에는 피드백에 대해 공부했잖아요. 오늘은 코칭을 주제로 삼으셨어요. 이 두 가지가 무슨 관계인 거죠?"

"그때 내 전문 분야가 피드백 코칭이라고 했던 말 기억나나?"

"제가 코칭도 어려운데 피드백 코칭이라고 하니까 더 모르겠다고 했던 것 기억나요. 그러면 피드백 코칭은 이 두 가지를 결합한 거네요. 왜 그렇게 하신 거예요?"

"우리가 피드백이 얼마나 중요한지에 대해 얘기했잖아. 그런데 막상 피드백을 하는 과정에서 역효과가 나는 경우가 너무 많은 거야."

"아, 피드백받은 사람들이 '리더가 평소에 말하고 싶었던 불만을 얘기하는 자리'로 여긴다는 말 생각나요."

"바로 그거야. 반면에 제대로 된 피드백을 받으면 조직이 얼마나 역동적으로 변하는지도 봤잖아. 진정성을 담아 제대로 된 피드백을 하기 위해서는 피드백 코칭이 필요한 거야."

"피드백 코칭은 어떻게 해야 하는 건가요?"

"이 그림을 먼저 보게나. 이건 비즈니스 현장에 적합한 피드백 코칭을 그림으로 표현한 거야."

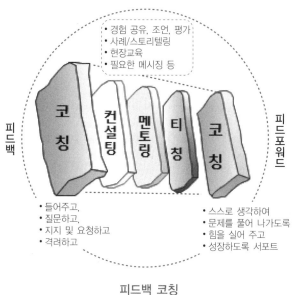

피드백 코칭

"컨설팅, 멘토링, 티칭이 코칭 안에 들어 있네요. 이건 무슨 뜻인가요? 코칭을 식빵 모양으로 표현하셨네요?"

"샌드위치를 표현해 본 건데, 그렇게 안 보이나?"

"하하, 그러면 저 안에 있는 컨설팅, 멘토링, 티칭은 햄, 치즈, 야채가 되는 건가요?"

"응. 상황에 따라 멘토링이든 티칭이든 어떤 것을 하더라도 코칭을 접목해야 한다는 걸 표현해 본 거야. 자네는 회사에서 저 중에 어떤 걸 주로 사용하나?"

"리더가 멘토 역할을 해야 한다고는 하지만 멘토링보다는 컨설팅이나 티칭을 주로 하게 되는 것 같아요."

"그렇군. 그러면 저 그림에서 양 끝을 지지하고 있는 코칭과 중간에 있는 멘토링, 티칭, 컨설팅과 다른 점이 무엇이라고 생각하나?"

"생각하게 하는 질문을 또 던지시네요. 음……, 아까 코칭에서 '스스로'가 중요하다고 하신 것과 관련 있는 것 같아요. 해결 방법을 알려 주는 게 아니라 스스로 찾게 한다고 하셨던 거요. 컨설팅이나 멘토링은 답을 주거나 모범을 보이면 그걸 따르는 거잖아요. 그러니까 컨설팅이나 멘토링이 수동적이라면 코칭은 스스로 하게 하는 거니까 능동적이라는 생각이 들어요."

"어렵다고 계속 엄살 부리더니 이해를 아주 잘하고 있구먼. 코칭은 상대가 스스로 자신의 능력과 개성을 이끌어 내도록 돕기 때문에 받는 사람이 주도권을 쥐게 되는 거지."

"음…… 그러니까 피드백 코칭이라는 건 컨설팅이나 티칭을 하더라도 결국에는 상대가 스스로 발견하고 선택할 수 있게 해야 한다는 거죠?"

"그렇지."

"말은 참 아름다운데요, 그게 어떻게 가능하죠?"

"하하. 또 이상적으로 들린다는 거군. 앞으로 그걸 공부하게 될 거야. 오늘은 피드백 코칭의 개념을 이해하는 정도까지만 하자고."

"야호! 오늘 공부가 끝났다는 거네요."

"하하, 그래. 오늘 코칭에 대해 공부하면서 어땠나?"

"지난번에 피드백에 대해 공부할 때와 비슷해요. 피드백이라는 단어를 알고 있었지만 피드백에 대해 전혀 모르고 있었다는 생각을 하게 된 것처럼 코칭에 대해서도 아는 게 아니었다는 걸 알게 됐어요."

"그래, 오늘 알고 나니까 코칭에 대해 생각이 어떻게 바뀌었나?"

"코칭에 대해 아직도 잘 알지는 못하지만 제 안에 있는 어떤 힘을 찾게 될 거라는 기대가 생겼어요."

"그 힘을 찾게 되면 자네가 리더로서 구성원의 힘도 그렇게 끌어낼 수 있게 되는 거지. 그게 바로 코칭의 힘이야. 그럼, 다음에 나를 만나기 전까지 무엇을 해 보겠나?"

"아까 파워와 포스에 대해 공부하면서 뜨끔뜨끔 했거든요. 제가 우리 구성원들에게 어떤 걸 사용하는지 좀 관찰해 보고 싶어요."

"좋은 생각이야. 자네의 리더십 스타일을 돌아보는 좋은 계기가 되겠어."

"아, 그리고 선배님, 제가 오늘 코칭을 공부하고 나니까 선배님을 코치님으로 부르고 싶어졌어요. 그래도 되죠?"

"하하. 이제 자네도 코칭에 대해 애정을 갖게 되었다는 소리로 들려서 반갑네. 좋지. 그나저나 우리 뭐 좀 먹으러 갈까?"

"네. 배고파요. 공부를 너무 많이 하느라 뇌가 영양분을 소진했으니 채워 달라고 아우성입니다. 선배님, 아니 코치님!"

강 **팀장**의 피드백 성찰 **Note**

오늘의 느낌

• 코치형 리더가 되지 않으면 진정한 리더가 될 자격이 없다는 것을 느꼈다.

• 코칭을 공부하면 내 리더십 스타일도 달라질 것 같다는 예감이 든다.

• 박 선배, 아니 박 코치님을 만난 게 행운으로 느껴진다.

기억할 내용

• 코칭은 사람을 성장시키는 데 본질을 둔다. 한편 피드백 코칭은 성과와 성장을 동시에 추구하는 과정이다.

• 코칭은 잠재력을 끌어내는 임파워링 과정이다.

• 파워와 포스는 본질이 매우 다르다. 파워는 자발적 동기부여의 힘이고, 포스는 강압적 동기부여의 힘이다. 두 힘을 이해하는 것이 임파워링을 이해하는 것이고, 그것이 코칭의 본질과 연결되어 있다.

• 기업 현장에서는 코칭과 더불어 티칭, 컨설팅, 멘토링 등의 다양한 접근 방법이 결합되어 구성원이 원하는 성과를 이루고, 더 나은 성장이 가능하도록 해 준다.

코칭이란 무엇인가

1. 코칭은 스스로 갈 수 있게 지원해 준다

1500년대부터 코치는 사람들을 현재 있는 곳에서 가고 싶은 곳으로 데려다 주는 마차를 가리키는 단어였다. 영국에서는 고속버스를 코치라고 부르고, 다른 유럽 국가에서는 사람들이 가고자 하는 곳으로 데려다 주는 렌탈 버스도 코치라고 한다.

어떤 코치든 목적은 모두 같다. 사람들이 원하는 곳으로 데려다 주는 것이다. 이후 사람들의 성장에 코칭이 활용되면서 코칭의 의미는 조금 다르게 발전되었다. 사람들을 원하는 곳으로 데려다 주는 것이 아니라 스스로 원하는 곳으로 갈 수 있도록 지원해 주는 개념으로 발전한 것이다.

코칭은 구성원들을 임파워링해 주는 과정이다. 임파워링은 구성원의 내면에 있는 파워를 이끌어 내 주는 것을 말한다. 파워는 포스와 달리 풀(Pull)형 리더십을 발휘하는 데 필요한 자발적 동기부여를 통한 평화적 힘이다. 반면 포스는 푸시(Push)형 리더십을 발휘하는 데 사용하는 강압적인 동기부여를 통한 폭력적 에너지라고 볼 수 있다. 임파워링 리더십을 발휘하면 구성원의 긍정적인 생각, 감정, 행동을 유도하게 되고, 푸시형 리더십을 발휘하면 부정적 생각, 감정, 행동, 결과를 초래하게 될 것이다.

임파워링 리더십은 구성원이 주도적으로 일하는 환경을 만들어 주고 개인의 능력과 경험에 따라 자율권과 책임을 주고 실수를 허용하는 분위기를 만든다. 구성원들은 필요한 권한과 책임을 갖게 되어 각자 주인의식을 갖고 리더처럼 행동하게 된다.

2. 피드백 코칭은 융·복합 코칭이다

피드백 코칭은 순수 코칭과 달리 마치 스포츠 코칭과 같은 개념이다.

스포츠 코치는 좋은 성과를 내기 위해 선수에게 필요한 모든 것을 동원한다. 이와 같이 피드백 코칭은 '코치이(Coachee, 코칭을 받는 사람 또는 고객)'에게 도움이 된다면 코칭과 더불어 티칭, 컨설팅, 멘토링 등의 다양한 접근 방법을 결합해 코치가 원하는 성과를 새롭게 하고 더 나은 성장이 가능하도록 하는 일종의 통섭적 융·복합코칭이라 할 수 있다.

반드시 유념해야 할 점은 다양한 방법을 융·복합하여 사용하되 코칭 철학이 확실하게 구현되는 코칭 프로세스가 튼튼히 뒷받침해 주어야 한다는 것이다. 즉, 코칭 과정에서 컨설팅과 멘토링, 티칭은 코치이가 필요할 때나 요청할 때 꼭 필요한 만큼만 도와주고 지원해 주는 역할을 하는 것이 좋다. 피드백 코칭을 비롯해 모든 코칭은 코치이가 단순히 지금 당면한 문제를 해결할 수 있을 뿐만 아니라 그 과정을 통해 그 사람이 스스로 성장하도록 돕는 것이 원래 목적이기 때문이다.

리더로서 나를 돌아보게 한 **네 번째 만남**

'신뢰의 속도'보다
빠른 것은 없다

이건 자네가 잘 되길 바라기 때문에 하는 말이야.

이번에 꼭 승진 하려고 안달하시는 거잖아요.

---

1) 스티븐 코비(2009), 신뢰의 속도, 김영사. 이 책에서 스티븐 코비는 신뢰
가 높아지면 비용도 줄이고 일 처리 속도도 빨라진다고 했다.

"임원실에서 크게 혼나고 왔는데,
구성원들이 모여서 수군거리고 있으면
무슨 생각이 드나?"
"'내 뒷담화를 하고 있구나.' 하고
생각하겠죠."
"그게 바로 자기 상황에 따라 현실을
'왜곡'해서 인식하는 거야."

금요일 오후, 강 팀장은 박 코치가 미팅 장소로 제안한 공원으로 향했다. 오늘따라 하늘도 더 파랗고, 바람도 더 시원했다.

"선배님, 이렇게 공원에서 만나니까 얼굴이 더 빛나 보입니다."

"그런가? 자네 기분이 좋아서 그렇게 보이는 것 같구먼. 어떤가? 지난번에 얘기 나눌 때 자네가 이 공원에 안 와봤다고 했잖아. 그래서 같이 둘러보자고 이곳으로 장소를 정했는데."

"좋습니다. 선배님, 아, 아니 코치님 덕분에 공원을 와 보네요."

"그러면 들어가 볼까? 나이가 들수록 걸으면서 얘기하는 게 좋아지더라고. 스티브 잡스(Steve Jobs)도 미팅은 되도록 걸으면서 했다고 하잖아. 스탠포드대학교 연구팀이 『Learning, Memory and Cognition』(2014) 저널에서 밝힌 연구에 따르면 걷는 중에 창의력이 평균 60%가량 향상된다고 하더라고."

"그리고 보니 언젠가 미국에서는 워킹 미팅(walking meeting)이 유행이라는 CNN 보도를 본 적이 있어요. 아, 마크 저커버그(Mark

Zuckerberg)도 워킹 미팅을 좋아한다고 했어요."

"그렇게 좋은 워킹 미팅을 오늘 우리도 해 보자고. 자네 20년 가까이 회사 다니면서 이런 경험은 처음이지?"

"네에~, 맞습니다. 그럼 워킹 미팅 시작해 볼까요?"

강 팀장과 박 코치는 숲길을 따라 천천히 걷기 시작했다.

"그래, 지난주는 어떻게 보냈나?"

"여전히 일은 풀리지 않고, 갈등도 그대로이고, 제 마음도 편안치 않아요. 그런데 실마리가 보이는 것 같아요."

"그래? 그 실마리가 무엇인가?"

"코칭과 피드백 개념을 이해하고 지난 시간에 파워(Power)와 포스(Force)를 이해하면서 제 리더십 스타일을 바라보게 되었어요."

"파워와 포스를 이해하고 보니 자네 안의 파워와 포스는 어떻게 작동하고 있던가?"

"제가 구성원일 때는 리더가 나의 파워를 증진시켜 주기를 바랐는데, 직책이 좀 올라가고 권한이 생기니까 포스를 더 많이 활용하더라고요. 솔직히 주로 포스를 사용하고 있는 것 같아요."

"좋은 통찰이구면. 역시 자네는 성장 가능성이 무한한 인재라니까."

"무슨 그렇게 오글거리는 말씀을 하고 그러십니까? 임파워링도 생각해 보았어요. 제가 그동안 구성원이 하는 일에 세세하게 관여하는 게 제 역할이라는 생각을 하고 있었다는 걸 깨달았어요. 사업 팀을 새로 맡았기 때문에 제가 일을 모른다는 얘기를 들을까 봐 더 구체적으로 다 알고 결정 내리고 싶었던 부분도 있고요. 이런 상황에서 특히 최 차장이 힘들었을 거예요. 일 잘한다고 인정받던 사람인데 제가 오고 나서는 저에게 좋은 피드백을 별로 받지 못했거든요. 그런데 고민이 되는 게 있어요. 최 차장에게 역량을 키워 주고 믿어 주고 권한을 더 주면 그야말로 임파워링이 되어서 좀 더 자발적인 에너지를 끌어낼 것 같기는 한데, 그게 현명한 판단이 맞는지 고민이 돼요."

"어떤 고민이 드는 건가?"

"최 차장이 그렇지 않아도 자기 의견이 강한 사람인데 그게 더 강해질 것 같거든요. 지난번 공부한 걸로 보면 권한을 줘야 하는 게 맞지만 그러면 안 될 것 같다는 말입니다."

"좋은 고민거리를 찾았구먼. 고민의 힘이 가장 큰 힘이라는 말 아는가? 그 고민을 갖고 공부를 하다 보면 풀릴 거야. 거울 보는 건 좀 어떻던가?"

"이번에는 거울을 보는 게 왜 불편할까 좀 더 생각하며 봤어요. 그러다가 그게 내 안을 들여다보는 걸 거부하고 있는 건 아닐까 하는 생각이 들었어요."

"놀라운 발전인걸. 자네 존재를 보기 시작한 거야. 다음에는 그 존재가 어떤 모습을 하고 있는지 더 보길 바라네."

"숙제가 점점 더 어려워지는 것 같지만 해 볼게요. 어? 이 공원에 연못이 있었네요!"

신뢰 없는 피드백은 에고의 표현일 뿐이다

"벤치에 잠깐 앉을까?"

작은 연못에는 수련이 떠 있고, 주변에는 부들 같은 수초들이 둘러싸고 있었다. 얼마 전 아이와 함께 참여했던 체험학습 프로그램에서 수생식물을 배운 덕에 강 팀장도 이름 몇 가지를 알게 되었다.

"코치님, 생태학자 최재천 교수가 한 '알면 사랑한다'는 말이 떠올랐어요. 제가 저 식물들 이름을 모를 때는 '풀이구나.' 하고 지나쳤는데, 이름을 알고 보니 더 자세히 관찰하게 되고, 그렇게 보니까 더 예뻐 보이네요. 사람들도 이렇게 자세히 보면 더 예뻐 보이는 거겠죠?"

"그렇지. 그게 바로 관심이고 사람에 대한 이해의 시작이지. 그 위에서 신뢰가 생기는 거고. 피드백도 신뢰를 바탕으로 하지 않으면 효과를 내기 힘들지. 이 그림을 좀 보게."

박 코치가 가방에서 태블릿PC를 꺼내 그림을 하나 보여 주었다.

피드백 신뢰 관계

"하하. 이 그림을 보니까 구성원들이 저를 어떤 시선으로 보는지 느껴지는 것 같아요."

"중요한 얘기를 했어. 자네 구성원들은 자네가 자신을 어떻게 보고 있다고 생각할까?"

1. 어떻게 하면 나의 잠재된 가능성을 더 발현시키도록 할까?

2. 어떻게 하면 나의 현재 능력을 최대로 이용해 성과에 반영할 수 있을까?

3. 어떻게 하면 나를 일 잘하게 하여 성과를 올리게 해 자기가 더 큰 이익을 얻을 수 있을까?

4. 어떻게 하면 자기 지시대로 나를 잘 움직이게 할 수 있을까?

"3, 4번은 너무 심한데요. 저렇게까지 생각하지는 않을 것 같아요. 그래도 2번 정도로 생각하겠지요."

"내가 코칭하면서 만난 회사의 구성원들은 자신의 리더를 보면서 3번이나 심지어 4번이라고 생각하는 경우가 상당히 많다네. 그러면 그 구성원들의 리더는 자신에 대해 어떻게 생각하고 있을까?"

"아, 아, 리더들은 스스로를 1번이나 2번이라고 생각할 것 같아요. 허, 참."

"내 말이 자네한테 충격을 준 것 같구먼."

"뜨끔했어요. 그나저나 구성원들이 3번이나 4번 같은 생각을 하고 있다면 리더가 어떤 말을 해도 통하지 않을 것 같아요."

"그렇지. 그게 바로 신뢰가 없는 거지. 이런 상태에서는 아무리 구성원의 성장을 위해서 하는 피드백도 진정성 있게 느껴지지 않을 거야."

"어떻게 하면 좀 더 신뢰받는 리더가 되는 건가요?"

"사람이 신뢰를 판단할 때 아주 사소한 행동도 기준이 되더라고. '말과 행동의 일치' '배려와 존중' '다른 사람과의 정서적 유대감' '올바른 가치관' 이런 것들 하나하나에서 신뢰할 수 있는지를 판단하게 되지. 아, 물론 자네가 잘하고 있는 '일에 대한 열정' '풍부한 지식'도 신뢰를 갖게 하는 중요한 요소야. 자네, 구성원들이 일을 제대로 못하는 걸 보면 어떤가?

"솔직히 화도 나고 왜 이 정도도 못할까 답답하지요."

"그러면 그 사람들은 일을 잘하고 싶지 않았을까?"

"당연히 잘하려고 했겠지요. 하지만……, 아, 제가 결과만 보고, 잘하려고 애쓴 과정은 보지 않았던 거군요?"

"아무도 일부러 일을 못하려고 하는 사람은 없거든. 결과에 대한 평가도 해야겠지만 그와 함께 그 사람이 긍정적 의도를 갖고 노력한 사실을 자네가 읽어 준다면 그 구성원은 어떤 마음이 들겠나?"

"신뢰를 어떻게 쌓는지 좀 더 알겠어요. 결과만 놓고 질책할 게 아니라 잘하려고 했던 노력을 알아 주면 신뢰가 생기겠네요. 그러면 다음에는 더 나은 결과를 만들어 내기 위해 알아서 노력할 것 같아요."

"바로 그거야. 사람을 더 많이 이해하게 되면 신뢰를 주는 말과 행동을 자연스럽게 하게 되는 거지. 어? 저 그네 의자 자리 났다. 우리 저기 앉아 볼까?"

"하하, 코치님. 아이 같아요."

"다들 이 자리를 좋아해서 평소에 자리가 잘 안 난다니까."

"알겠습니다. 가 봐요."

'보이지 않는 창'을 움직이라

———

강 팀장과 박 코치는 그네처럼 흔들리는 의자에 앉았다. 박 코치가 발을 굴러서 그네를 움직였다.

"이야~, 어른이 되어서도 그네를 타니까 신이 나네요."

"이건 사실 그네라기보다는 의자지. 어떤가? 우리 다음에는 초등학교 운동장에 가서 진짜 그네를 한번 타 볼까?"

"아이고, 코치님. 마음이 어린아이로 돌아가나 봅니다?"

"나는 평생 어린아이 마음으로 살 수 있으면 좋겠다고 생각하며 살아. 어린아이 같은 마음이 들면 주저하지 않고 해 보려고 하지. 그럴 때면 내가 자유로워지는 기분이 들거든."

"어른이 되면서 그런 마음은 들기도 전에 차단하고 살아온 것 같아요."

"다들 그래. 그런데 내 안에서 일어나는 어린아이의 마음을 찬찬히 보다 보면 내 안에 있는 더 깊은 욕구를 만나기도 한다네."

"아까 신뢰를 주는 말과 행동을 하기 위해서는 사람에 대한 이해가 먼저라고 하셨는데, 코치님 말씀을 듣다 보니, 그 어린아이의 마음을 들여다본다는 게 그 무엇보다 자신을 더 잘 이해하는 길이라는 생각도 드네요."

"그렇지. 사람이 자기 자신을 제대로 안다는 게 참 쉽지 않은 일이야. 요즘 자네가 자네의 모습을 들여다보며 하나씩 깨달아 가듯이 자신의 모습을 제대로 보려면 타자가 필요하다는 거지. 재미있는 그림 하나 보여 줄게."

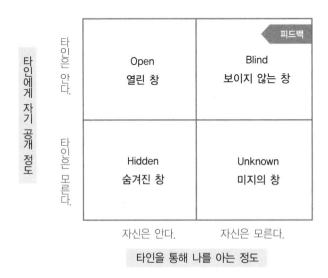

조해리의 창(Johari's window)[2]

"코치님한테 속았어요. 재미있는 그림이라고 해서 저는 정말 재미있는 그림일 줄 알았어요."

"하하. 자네도 이 그림의 내용을 알고 나면 재미있다고 할 거야. 사람들 속에는 네 가지 영역의 자아가 있다는 거야. 다른 사람도 알고 나도 아는

2) J Luft, H Ingham (1961). *The Johari Window*. Human relations training news.

영역인 '열린 창', 다른 사람은 모르지만 나만 아는 영역인 '숨겨진 창', 다른 사람은 아는데 나는 모르는 영역인 '보이지 않는 창', 나도 다른 사람도 모르는 영역인 '미지의 창' 이렇게 네 영역이 있다는 거지."

"음~, 제 안에 이렇게 여러 영역의 자아가 있다는 거예요? 거 참, 신기하네요. '열린 창'과 '숨겨진 창'은 자신이 아는 영역이니까 쉽게 이해가 가는데, '보이지 않는 창'과 '미지의 창'은 생각해 본 적이 없어요. 이건 내 안에 뭐가 있는지 나도 모른다는 얘기잖아요."

"거 봐. 재미있는 그림 맞지? 저 네 가지 창 중에서 어느 창이 넓어야 할까?"

"아무래도 '열린 창'이 커야겠죠?"

"맞아. 나도 알고 남도 아는 '열린 창'이 넓을수록 건강하게 살 수 있어. 예를 들어, 내가 슬픈데 다른 사람이 보기에도 슬퍼 보여야 위로나 배려를 받을 수 있을 거잖아."

"그렇겠네요. 자신을 다른 사람에게 잘 열어 보이고, 스스로도 자신에 대해 잘 안다는 거니까 몸과 마음뿐만 아니라 사람들과의 관계도 더 건강하겠어요. 그러면 '보이지 않는 창'은 다른 사람 눈에는 내가 슬퍼 보이는데 정작 나는 그걸 모를 수도 있다는 얘기인가요? 그게 말이 되나요?"

"'보이지 않는 창'은 영어로 '블라인드 스팟(Blind Spot)'이라고 해. 다른 사람의 눈에는 보이지만 정작 내 눈에는 안 보이는 맹점의 영역인 거지. 일을 하다가 자신이 다 소진되는 것도 모르고 앞만 보고 달리는 현대인들 있잖아. 그러다가 몸에 병이 찾아오고 나서야 깨닫는 경우가 허다하잖아."

"지난번에 어느 연수원에 근무하는 분도 그랬다고 하셨잖아요. 좀 무섭기도 하네요. 내가 나를 모르고 산다는 게 말이에요."

"중요한 건 보이지 않는 창에는 특히 내가 잘 모르는 내 능력이 들어 있다는 거야."

"나도 모르는 내 능력이 저 창 안에 있다고요? 그런 능력이 내 안에 쌓여 있으면 뭐하나요, 알아야 써먹죠."

"이 창에 숨겨진 것들을 드러내는 방법이 있어. 잘 생각해 봐. 나는 모르지만 남들 눈에는 보인다는 거잖아."

"아! 그러네요. 그걸 볼 수 있는 다른 사람들이 알려 주면 알게 되겠네요."

"맞아. 그게 바로 피드백이잖아. 피드백이 '보이지 않는 창'의 크기를 줄이고 '열린 창'이 더 커지도록 만드는 거야. 이 창이 큰 사람들은 독선적인 성향인 경우가 많아. 이런 사람에게는 특히 다른 사람이 거울을 비춰 주는 게 중요한 거지."

"피드백이 얼마나 큰 일을 할 수 있는지 새삼 알겠어요. 피드백이 우리가 더불어 더 건강하고 행복하게 살 수 있도록 만들어 준다는 거네요. 그러고 보니 예전에 거울에 저를 비춰 주면서 제가 미처 보지 못했던 제 안에 있는 열망을 코치님이 읽어 주신 게 바로 이 창을 보여 주신 거네요? 그 피드백을 듣고 저는 힘을 얻었고요."

"그렇지. 그게 바로 타자의 거울이지. 내가 자네한테 거울을 비춰 준 거지."

"사람들의 내면에 저런 것들이 있다는 걸 생각하면서 상대를 대하면 제 태도도 달라질 것 같아요. 상대가 가진 능력을 찾으려고 노력하게 될 거잖아요. 그렇게 되면 저도 코치님처럼 거울을 비춰서 구성원들이 스스로는 깨닫지 못하고 있는 가능성을 찾아 주는 리더가 될 것 같아요. 그런데 자신은 알지만 다른 사람은 모르는 '숨겨진 창'은 어떻게 해야 하나요?"

"이 영역은 밝히고 싶지 않은 감정, 경험, 비밀일 수도 있고, 남들에게 말하지 않은 자신만의 가치관일 수도 있어. 이 영역은 스스로가 자신을 더 공개할 때 이 창의 크기가 줄어들면서 '열린 창'의 크기가 더 커지겠지."

"용기가 필요한 경우도 많겠네요. 그러면 나도 모르고 남도 모르는 '미지의 창'은 어떤 게 있는 거죠?

"이 영역은 훨씬 깊은 영역이야. 이걸 봐봐."

'미지의 창에 숨겨진 것들[3]

- 기회가 없었거나 격려받지 못해서 또는 훈련 부족으로 과소평 가되거나 시도되지 않은 능력
- 자신이 가지고 있다고 깨닫지 못하는 타고난 능력이나 적성
- 자신이 가지고 있다는 것을 모르는 두려움이나 혐오감
- 자신이 모르는 질병
- 억압되거나 잠재의식에 있는 감정
- 어린 시절부터의 형성된 행동이나 태도

"우아~, 엄청난 게 있네요. 저 창은 어떻게 열 수 있나요?"

"이 창이 큰 사람은 폐쇄적인 성향인 경우가 많아. 이 창 역시 자기를 좀 열고 꾸준히 피드백을 받고 성찰을 하다 보면 조금씩 열 수 있게 돼. 정도가 심한 사람은 심리상담 등을 통해 조금씩 열릴 수도 있고."

"조해리의 창을 공부하고 나니 사람이 더 오묘하고 가능성이 큰 존재로 여겨지네요. 피드백의 중요성도 더 잘 이해할 수 있겠어요."

"아주 중요한 얘기를 했어. 사람을 볼 때 그 안에 있는 깊은 세계

---

3) BUSINESSBALLS(2013). https://www.businessballs.com

를 함께 보려고 노력한다면 신뢰도 더 커지지. 이제 그네도 실컷 탔으니 좀 걸을까?"

커뮤니케이션의 오류를 알아차리는 스킬

그때 누군가 걸어오며 인사를 한다. 박 코치가 회사를 떠날 즈음부터 고문을 맡아 온 유 고문이다.

"박 코치님, 오랜만입니다. 이 공원에 자주 오신다더니 여기서 뵙네요. 강 팀장도 같이 있었구먼. 오늘 두 분 다 편안하고 여유 있어 보이네요."

"하하하. 유 고문님도 볼 때마다 더 젊어지시는 것 같습니다."

"그런가요. 감사합니다. 그럼 또 뵙겠습니다."

유 고문과 헤어지고 강 팀장은 마음이 왠지 불편해졌다. 유 고문의 말이 자신이 맡은 사업이 제대로 진행되고 있지 않은데 한가하게 시간을 보내고 있다는 질책으로 들렸기 때문이다. 그런 강 팀장의 마음을 눈치챈 박 코치가 강 팀장을 툭 쳤다.

"어이, 강 팀장. 지금 무슨 생각을 하나? 혹시 유 고문이 한 얘기가 마음에 걸리는 것 아닌가?"

"어? 아셨어요?"

"마침 유 고문이 커뮤니케이션에 대해 더 잘 이해할 수 있는 좋은 기회를 주고 갔구먼. 그렇지 않은가?"

"무슨 말씀이신지……?"

"자, 잠깐 여기 앉아서 이걸 좀 보게나."

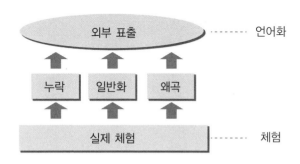

커뮤니케이션 오류의 유형[4]

"실제 체험과 외부 표출 사이에 뭐가 여러 개 있네요?"

"우리가 하는 커뮤니케이션이 그 과정에서 누락이나 일반화, 왜곡 등을 거치는 경우가 많다는 거야."

"누락, 일반화, 왜곡이요? 그건 또 뭔가요?"

"우리는 정보가 들어오면 그대로 인지하는 것이 아니라 자신도 모르게 자신만의 필터를 사용해 뇌에 저장하거든."

"척 하면 알아들을 거라고 생각하지만 우리는 자신도 모르게 부

---

4) 박창규, NLPia Coaching Program.

정확한 커뮤니케이션을 하는 경우가 많다는 거네요. 한마디로 보고 싶은 것만 보고, 듣고 싶은 것만 듣는다는 얘기군요."

"하하. 그렇게 정리되나? 그러면 아까 자네 마음이 왜 불편해졌는지 얘기를 해 볼까?"

"솔직히 말씀드리면 편안하고 여유 있어 보인다는 말이 그럴 여유가 있느냐는 얘기로 들렸어요."

"그랬구먼. 나는 유 고문의 말 그대로 '오늘 하늘도 맑고 바람도 좋은 날 공원을 산책하는 모습을 보니 편안하고 여유 있어 보였나 보다.' 하고 받아들였어."

"커뮤니케이션은 각자 처한 상황에 따라 다른 해석을 하게 된다는 거네요. 이렇게 다르게 해석한 게 어떤 상황을 만들어 내는 건가요?"

"자네가 지금 사무실에 들어가서 누군가와 유 고문을 만난 이야기를 한다고 해 봐. 뭐라고 하겠나?"

"'유 고문님이 우리 팀을 못마땅해 하는 것 같아.'라고 말할 것 같아요."

"그래. 여기에는 어떤 문제에 대해 못마땅해했는지 어떻게 못마땅해했는지가 빠져 있어. 그런데도 이 말을 들은 사람이 이 말을 믿고 다른 사람에게도 옮긴다고 해 봐."

"유 고문님이 별다른 의미를 두지 않고 한 말이었을 수도 있는데

괜한 문제를 일으키겠네요."

"그렇지. 이게 바로 '누락'의 사례라고 볼 수 있지. 하나 더 예를 들어 볼까? 자네가 임원실에서 크게 혼나고 사무실에 왔는데, 구성원들이 모여서 수군거리고 있는 걸 보면 무슨 생각이 드는가?"

"'내 뒷담화를 하고 있구나.' 하고 생각하겠죠."

"이게 바로 자기 상황에 따라 현실을 '왜곡'해서 인식하는 거야. 그들은 팀장이 없는 틈을 타서 편하게 주말 계획을 얘기했을 수도 있고, 진행되는 일에 대해 의견을 나누고 있었을 수도 있어. 그렇지 않은가?"

"신기해요. 말을 그대로 받아들이면 문제가 생길 수 있네요. 정말 자기 입장에 따라 상황이 그렇게 보일 수 있겠어요."

"그렇지. 우리는 의외로 이런 일을 많이 경험하고 살아."

"커뮤니케이션 오류라고 얘기하셨을 때 저하고는 상관없는 얘기인 줄 알았는데, 저도 늘 경험하고 있었다는 게 놀라워요. 이 오류를 줄이려면 어떻게 해야 하나요?"

"자, 이걸 봐봐."

- "잘 안 되겠어요."(누락) → "무엇이 당신을 그렇게 못하도록 하죠?"
- "그 사람은 자기밖에 몰라."(왜곡) → "그렇게 말하는 근거는 무엇이죠?"

- "나는 행복하지 않아요."(일반화) → "무엇이 행복이라고 생각하나요?

"아, 이렇게 확인하는 거군요? 오류가 발생할 수 있다는 걸 알면 진실을 알 수 있게 더 자세하게 확인하는 과정을 거치게 되겠네요."

"그렇지, 그게 핵심이야. 자, 오늘도 긴 시간 얘기를 나눴구먼. 오늘 얘기는 어땠는지 궁금하네."

"무엇보다 공원에서 얘기를 나눠서 좋았어요. 나무와 물을 보니까 기분도 좋아지고 생각이 좀 더 유연해진다는 느낌이 들었어요. 다음에 저도 우리 팀 식구들과 이렇게 미팅을 해 볼까 합니다."

"우리의 첫 워킹 미팅이 괜찮았다니 나도 기분이 좋군."

"그리고 사람에 대해 한 발 더 들어간 느낌이에요. 피드백이 제대로 통하려면 사람을 이해해야겠다는 생각이 들었어요. 사람을 이해하지 못하는 상태로는 아무리 좋은 피드백을 해도 소용이 없겠다는 걸 알게 됐어요."

"좋아. 핵심을 잘 정리하고 있구먼."

"무엇보다 가장 중요한 신뢰에 대해 생각하게 되었어요. 저는 제가 신뢰받지 못하는 리더일 수 있다는 생각을 거의 해 보지 않았는데, 우리 팀 구성원들 입장에서 어떻게 보이는지 더 객관적으로 봐야겠다는 생각을 했어요. 뜨끔했다니까요."

"나는 자네가 더 나은 리더가 되려고 노력하는 것 자체가 이미 구성원들에게 전달되고 있을 거라고 생각해. 그러면서 신뢰가 더 커지고 있을 거야. 사업팀을 맡고 나서 자네가 보여 준 열정도 신뢰를 쌓는 데 한몫하고 있을걸."

"정말 그럴까요?"

"물론이지. 자, 그러면 다음 만날 때까지는 무얼 해 보겠나?"

"공부한 게 너무 많아서 다 실천해 보고 싶지만, 그건 부담스럽고……, 아무도 잘못하려고 하지 않는다는 얘기가 기억에 많이 남아서요. 구성원들이 긍정적 의도를 갖고 일하려고 했다는 걸 읽으려고 노력해 볼까 합니다. 제가 사람을 좀 더 이해하는 출발점이 될 수도 있겠다는 생각이 들어요."

"좋았어. 기대되는군. 다음에는 잠깐 머리 식히는 시간을 가지려고 해. 지금까지 공부하면서 피드백 코칭이라는 게 실제로 기업 현장에서 적용할 수 있는 것인지, 비현실적인 것은 아닌가 하는 생각을 갖고 있었잖아."

"네. 솔직히 말씀드리면 아직도 그런 생각이 들어요."

"내가 피드백 코칭으로 놀라운 성공을 거둔 기업의 CEO를 인터뷰한 자료가 있거든. 그 자료를 읽고 카페에서 만나 가볍게 이야기 나누자고."

"앗싸! 쉬어간다니까 너무 좋은데요. 외국 기업 사례인가요?"

"아니야. 우리나라 기업 사례야. 우리가 그동안 공부했던 임파워링이며, 사람 중심 경영 그리고 피드백 시스템 등이 어떻게 성과와 연결되는지 확인할 수 있을 거야."

"궁금하고 기대되네요."

"내일 아침에 메일로 보낼게. 읽고 나서 2주 뒤에 간단하게 얘기 나누자고. 어디 좋아하는 카페 있나?"

"여기 공원 앞 카페 어떠세요?"

"좋아. 거기서 보세."

강 팀장의 피드백 성찰 **Note**

오늘의 느낌

• 나도 노력하면 사람을 더 깊이 이해할 수 있게 될 거라는 믿음이 생겼다. 기분이
  좋다.

• 내가 최 차장과 김 과장이 예뻐 보이는 날이 올까? 그런 날이 오면 문제가 쉽게
  풀릴 것 같다.

• 리더로서 나의 '신뢰'는 몇 점일까 궁금하다. 구성원들에게 모델이 되는 리더가
  되고 싶다.

기억할 내용

• 신뢰가 쌓여야 피드백도 수용할 수 있다. 신뢰는 모든 관계의 토양이다.

• 사람은 스스로 보지 못하는 사각지대가 있다. 그래서 피드백 거울이 필요하다.

• 실패를 실패로만 보지 않고, 과정에서 생겨난 착오와 오류를 찾아서 피드백으로
  되돌려 입력시키면 새로운 출력물이 나온다.

• 사람의 커뮤니케이션은 자기 생각처럼 합리적으로 일어나지 않는다. 사람은 쉽게
  정보를 누락하고, 왜곡하고, 일반화해서 받아들이고 전달한다.

인간을 바라보는 시선을 높이라

피드백 코칭에는 필요한 전제와 철학이 있다. 즉, 마인드셋(Mind Set)
이 필요하다. 스킬 중심으로 접근하면 당장 원하는 결과는 얻을 수 있으
나 지속적인 관계 맺기에서는 어려움을 겪기 마련이다.

1. 피드백을 하는 조직과 사람을 믿을 수 있는가

■ 우리 조직을 믿을 수 있는가?

피드백의 대전제는 조직 내에서 신뢰 관계가 형성되고 유지되어야 한
다는 것이다. 조직 문화 차원에서의 신뢰 관계는 공유와 리더의 모델링
이 핵심이다. 먼저, 공유 문제는 조직의 사명과 가치 그리고 비전을 모
든 구성원과 공유하는 것이다. 우리를 각기 다른 사람, 다른 것들과 연결
시켜 주는 것이 조직의 정신이기 때문에 그것을 공유했을 때 조직에 대
한 구성원의 신뢰가 형성된다. 이때 반드시 따라와야 할 것이 리더의 모
델링이다. 말로만 공유하고 솔선 실행하는 모델링이 없으면 신뢰 관계가
점차 무너지게 된다. 윗사람이 보여 주면 지시하지 않아도 행할 확률이
훨씬 높아진다.

■ 피드백 주는 저 사람을 믿을 수 있는가?

피드백 효과는 신뢰 관계의 수준에 따라 영향을 미친다. 신뢰는 구성
원의 영혼을 담는 그릇이다. 그러므로 신뢰를 잃으면 개인과 조직의 가
치와 열정을 담을 수 없다. 상대가 자기를 신뢰하지 않는다면 어떠한 노
력도 무의미하다. 그러므로 신뢰가 없는 상태에서는 칭찬과 동기부여도
공허한 메아리에 지나지 않는다. 신뢰는 경영에서 공기와 같으며, 모든
관계의 토양이다. 토양이 척박하면 그 무엇도 뿌리내릴 수 없다.

2. 사람에게는 스스로 보지 못하는 사각지대가 있다

자기 자신에 대해 자기가 아는 정보와 그 정보를 공개하는 정도에 따라 네 개의 창으로 구분할 수 있는데, 이 네 개의 창('조해리의 창') 중에서 우리의 주목을 끄는 창이 바로 '보이지 않는 창'이다. 맹점의 영역(Blind Spot)이라 부르는 이 창은 타인은 아는데 자기는 모르는 보이지 않는 창으로, 다른 사람과의 인간관계에서 중요한 역할을 한다. 이 창에는 본인도 모르는 역량이나 잘못된 행동 패턴이 숨겨져 있는데, 피드백을 통해 이 영역을 '열린 창'으로 변화시킬 수 있다.

3. 인간의 커뮤니케이션에는 오류가 발생한다

우리는 외부에서 들어오는 정보를 있는 그대로 수용하고 감지하며 정확하게 인지하는 것이 아니다. 자신만의 독자적인 지각필터를 사용해 들어온 정보를 삭제, 왜곡, 일반화하여 극히 일부분만 인지해 뇌에 저장한다. 이것이 기존에 있던 뇌의 기억과 상호작용하면서 언어화될 때에는 더욱 삭제, 왜곡, 일반화되어 나타난다.

첫째, 삭제 또는 생략(deletion)은 우리가 말이나 생각을 할 때 경험의 일부를 누락시키거나 제외시키는 것을 말한다. 예를 들어, 많은 사람 속에서 자신이 관심 있는 사람의 목소리만 들리고 다른 사람의 목소리나 음악 소리는 들리지 않는 것이다.

둘째, 왜곡(distortion)은 내적 경험을 다른 것으로 변화시키거나 제한시키는 과정이다. 즉, 자기의 무의식적 욕구에 따라서 현실을 있는 그대로 인식하지 못하고 다르게 인식하는 것을 말한다.

셋째, 일반화(generalization)는 어떤 특정한 경험이 모든 종류의 경험을 대표하게 하는 과정으로, 서로 다른 정보를 특정한 정보와 같은 것으로 해석하는 것을 말한다.

피드백 코칭으로 성공한 기업

한국의 구글, 마이다스아이티

피드백 코칭을 시스템화한 기업, 포스코ICT

한국의 구글, 마이다스아이티

마이다스아이티는 건설 분야 소프트웨어를 주력으로 의료와 경영 분야 등의 소프트웨어를 개발하는 회사로, 해마다 이어지는 높은 성장세와 독특한 경영 시스템으로 많이 알려진 중견기업이다. 마이다스아이티는 IT 중심의 회사이지만 사람 중심의 피드백 코칭 시스템이 놀라울 만큼 체계적으로 내재화되어 있다. 마이다스아이티의 이형우 대표를 만나 회사의 성장 비결과 피드백 코칭 시스템에 대해 들어보았다.

마이다스아이티의 경영 철학

마이다스아이티가 한국의 구글이라 불리는 진짜 이유

박 코치: 마이다스아이티를 소개하게 되어서 기쁩니다. 마이다스아이티를 검색하면 '한국의 구글' '꿈의 직장' 같은 수식어가 많습니다. 무엇 때문에 이렇게 불린다고 보십니까?

이 대표: 하하, 제 생각에는 맛있는 밥을 주기 때문인 것 같습니다. 저희 회사에서는 하루 세끼를 모두 줍니다. 재료비만 한 끼 당 15,000원 정도 드는데, 웬만한 호텔보다 맛있습니다. 직원들 밥값으로 1인당 연간 1천만 원을 쓰고 있습니다.

박 코치: 밥값으로만 한 사람에게 1천만 원을 추가로 쓰신다고요? 저도 먹어 보고 다양한 메뉴와 맛에 놀랐는데, 비용을 들으니 더욱 놀랍습니다. 이렇게 하시는 이유가 궁금합니다.

이 대표: 음……, 저는 어디 가서 맛있는 거 먹고 좋은 거 보면 저희 구성원들에게도 똑같이 해 주고 싶다는 생각을 합니다. 식당 라운지를 만들 때도 제가 귀하게 대접 받아 본 경험을 그대로 구성원들한테도 해 주자는 마음으로 만들었습니다. 부모의 마음이라고 봐 주시면 감사하겠습니다.

박 코치: 부모의 마음이라……. 회사를 운영하는 분이 실제로 부모의 마음으로 직원을 대하는 걸 경험한 적이 별로 없습니다.

이 대표: 제 삶을 들여다보니까 저는 한 번도 '갑'으로 살아본 적이 없었습니다. 늘 상대가 원하는 가치를 읽고 맞추려고 노력해 왔어요. 그게 바로 '을'이잖아요. 대표적인 '을'이 바로 자식을 대하는 부모고요. 부모는 자식에게는 철저히 '을'이고 심지어 '병' '정'이 될 수밖에 없지 않습니까? 그런 마음으로 회사를 운영하려고 노력하고 있습니다.

박 코치: 회사 대표에게서는 좀처럼 듣기 힘든 얘기를 하시는군요. '을'의 마음으로 회사를 운영하시는 이유가 궁금합니다.

이 대표: 모든 집단은 시너지를 내고자 하잖아요. 저희 마이다스아이티에서는 하나 더하기 하나를 2가 아닌 10, 100, 심지어 10,000으로 만들 수 있다고 봅니다.

박 코치: 대단한 시너지네요. 그런데 을의 마음과 시너지가 어떻게 연결되는 건가요?

이 대표: 시너지를 내려면 물리적 반응이 아닌 화학 반응이 필요합니다. 화학 반응을 일으키게 하는 매개가 결국 소통 아니겠습니까? 을의 마음이 신뢰를 쌓게 하고 그렇게 되면 소통이 잘 될 수밖에 없지요. 소통이 잘 되면 협력이 잘 되니 시너지가 날 수밖에요.

박 코치: '을'의 마음으로 구성원을 대한다는 게 그런 엄청난 시너지를 만들어 내는 일이었군요. 그 말씀만 들어도 마이다스아이티가 놀라운 성장을 하는 비결을 알 것 같습니다. 이렇게 되면 구성원들은 회사가 참 든든한 삶의 버팀목이라고 생각할 것 같습니다. 회사를 강하게 신뢰할 수밖에 없겠어요.

이 대표: 저희가 가장 중요하게 생각하는 게 바로 신뢰입니다. 저희의 모든 제도는 신뢰와 연결되어 있다고 해도 과언이 아닙니다.

박 코치: 일반적으로 구성원들의 능력을 계발하고 동기를 부여하면 생산성이 높아져서 회사가 성장한다고 보는데요. 대표님께서는 '신뢰'를 가장 중요한 가치로 생각하시네요.

이 대표: 네. 저는 대한민국 직장인이 일반 기업에서 20~30% 정도밖에 자기 능력을 발휘하지 않는 이유가 신뢰가 부족하기 때문이라고 봅니다. 신뢰를 강화시키면 능력의 발현치를 50~60%까지 높일 수 있고, 그렇게 되면 기업도, 국가 경제도 더불어 성장하겠지요.

마이다스아이티가 4무 정책을 실행하는 이유

박 코치: 대표님께서 신뢰의 힘을 얼마나 중요하게 생각하시는지

느껴집니다. 그러고 보니 마이다스아이티는 상대평가가 없고 정년도 없다고 들었는데, 이런 것들이 바로 회사를 신뢰하게 하는 시스템이네요.

이 대표: 맞습니다. 신뢰가 없으면 미래가 불안해지잖아요. 아무리 열심히 일해도 회사가 나를 해고할지도 모른다는 생각을 갖고 있으면 일이 제대로 될 리가 있겠습니까? 저는 미래에 대해 불안해하는 상태를 '부정적 불확실성'이 큰 상태, 반대로 미래에 대해 희망과 기대를 갖게 하는 상태를 '긍정적 불확실성'이 큰 상태라고 보는데, 신뢰를 갖게 해서 긍정적 불확실성을 키우고자 노력하고 있습니다.

박 코치: 음……, 미래는 불확실할 수밖에 없고 그래서 다들 불안해하는데, 그 불확실함에 대해서 오히려 희망을 갖게 하겠다는 거네요. 오늘 내가 경험한 것보다 더 신나는 세상을 만날 수 있다는 기대가 생기는 상태가 바로 '긍정적 불확실성'의 상태일 것 같습니다. 그렇게 되면 불확실한 미래가 오히려 도전해 보고 싶은 대상이 되겠네요.

이 대표: 그렇습니다. 그래서 저희 회사의 모든 정책은 부정적 불확실성을 최소화하는 데 초점을 뒀습니다. 임금이나 복지를 높은 수준으로 유지한 것은 미래에 대한 '불안정'을 최소화하려는 목적이고, 스펙을 보지 않고 채용한다든지, 상대평가를 하지 않는 것, 성과급을 주지 않는 것, 정년이 없는 것 등은 '미래의 부정적 불확실성'을 최소화하려는 정책입니다. 저희는 평가가 목적이 아니고, 구성원들의 성장과 육성에 초점을 두면 성과는 따라온다고 믿기 때문에 이런 제도를 갖게 된 것입니다.

박 코치: 하지만 대부분의 기업은 구성원들의 성장과 육성에 목표를 둔다고 하면서, 상대평가, 정년, 징벌, 스펙 등을 회사 운영의 중요한 도구로 활용합니다. 그러면 마이다스아이티와 다른 회사의 차이는 무엇입니까?

마이다스아이티의 독특한 경영 철학

이 대표: 제가 자주 하는 말이 있습니다. '축록자(逐鹿者)는 불견산(不見山)이요, 확금자(攫金者)는 불견인(不見人)'이라고, '사슴을 쫓는 자는 산을 보지 못하고, 돈을 쫓는 자는 사람을 보지 못한다.'는 이야기입니다. 저희 회사는 기업 경영의 핵심이 이윤 추구가 아니라 사람을 육성하는 것입니다.

박 코치: 솔직히 믿기 힘든 얘기입니다. 기업이 이윤을 추구하지 않는다니요?

이 대표: 저희는 사람의 육성을 통해 개인의 행복을 돕고 세상의 행복 총량을 늘리는 게 경영을 하는 이유이자 목적이라고 생각합니다. 사람을 키우면 기업의 성장은 자연히 따라온다고 봅니다.

박 코치: 사람을 키우면 기업은 저절로 성장한다. …… 맞는 말이지만 말 그대로 시행하기는 쉽지 않은 일 아닌가요?

이 대표: 하하하. 제가 사람을 연구하는 일을 즐깁니다. 나름대로 사람에 대해 오래 고민하고, 실제로 경영에 적용하면서 확신을 갖게 되었습니다.

박 코치: 사람을 연구하셨다고요?

이 대표: 네. 우리는 생물이고, 동물인 동시에 인간으로 태어났습니다. 우리는 생물이기 때문에 잘 살고 싶어 하는 '본능'을 가지며, 동물이기 때문에 잘하고 싶어 하는 '본성'을 가지고, 인간이기 때문에 잘 성장하고 싶어 하는 '지성'을 가집니다. '본능'은 생존을 위한 충동적 욕구이고, '본성'은 희로애락에 대한 감정의 욕구이고, '지성'은 자신의 생각을 표현하고 싶어 하고 창의적인 활동을 하고 싶어 하는 욕구를 말합니다. 저는 그것을 '자연의 결'이라고 봅니다. 생물의 결, 동물의 결, 인간의 결이지요.

박 코치: '결'이라는 표현이 특별하면서도 자연스럽다는 느낌이 드네요. 그런데 존재로서 갖는 욕망인 '자연의 결'과 회사 경영이 어떻게 연결되는 건지 선뜻 이해가 되지 않는데요.

이 대표: 욕망을 이해한다는 건 그 욕망을 발현시킬 수 있게 해 준다는 의미입니다. 욕망을 잘 발현시킬 환경을 만들어 주면 성과는 따라온다고 생각합니다. 조직이라는 환경이 오히려 그걸 자유롭게 발현하도록 돕지 못하는 게 문제입니다.

박 코치: 아하, 그러니까 조직의 정책이 사람의 욕망을 발현하지 못하게 만든다고 보아 무정책을 쓰신다는 말씀이군요?

이 대표: 네. 그래서 저희 회사는 앞서 말씀드린 4무 외에도 성과급이나 수당도 없습니다.

박 코치: 음…… 사람에 대한 연구가 확고한 경영철학으로 이어졌다니 놀랍습니다. 경영을 하기에도 바쁜 CEO가 어떻게 사람에 대해 이렇게 깊은 고민을 하게 되셨는지 궁금합니다. 계기가 있으셨는지요?

이 대표: 저는 어려서부터 존재에 대한 고민을 많이 했습니다. 중학교 2학년 때 학용품을 사서 고아원에 다녀온 적이 있었는데, 거기 있는 아이들과 잘 놀고 내려오는 길에 본 낙동강 경치가 너무 아름다운 거예요. 착한 일을 하고 왔다는 뿌듯함이 그 광경을 더욱 아름답게 느끼게 했을 것 같아요. 그때 문득 '누가 누구에게 봉사를 한 것인가' 하는 생각이 들었습니다. 그러면서 '이 고아원 아이들은 어디서 왔을까?' '부모의 잘못일까?' '이 세상의 불공정과 불공평은 누가 만들었을까?' '본질은 뭘까?' 이런 고민으로 이어졌습니다.

박 코치: 중학교 시절에 벌써 사람에 대한 철학적인 고민을 하셨다는 게 특별한 분이라는 생각이 드네요. 그 고민이 대표님의 성장 후에 어떻게 이어졌는지 궁금합니다.

이 대표: 이 고민을 대학에 가서도, 군대에서도 끌어안고 있었고, 마흔이 넘어서 마이다스아이티를 설립할 때까지 계속 갖고 왔습니다. 제가 대기업을 다니다가 독립한 것도 동료들에 대한 생각 때문이었습니다.

박 코치: 동료들과 함께하겠다는 생각이 회사 설립의 중요한 계기가 되신 거군요? 그러면 마이다스아이티를 설립하면서 사람에 대한 연구를 본격적으로 시작하신 건가요?

이 대표: 아닙니다. 설립한 지 3년쯤 지난 후에 계기가 찾아왔습니다. 구성원도 80명 정도로 늘어나고 매출도 100억 원이 되었습니다. 그런데 이직률이 올라가고, 같이 창업한 사람들 사이의 갈등이 늘어나는 겁니다. 그래서 빨래를 하듯이 혁신을 해

야겠다는 생각에 2박 3일 동안 워크숍을 하자고 했지요. 그런데 한 임원이 전 구성원이 돌아가면서 5분 스피치를 하자고 제안한 거예요. 80명이니까 단순 계산해도 400분입니다. 그 시간 동안 무슨 일이 있었는지 아십니까?

박 코치: 글쎄요……, 회사에 대한 이러저러한 불만도 있었겠지만, 대표님께서 동료들에 대한 애정을 갖고 시작한 일이라는 걸 감안하면, 회사의 발전 방안에 대한 얘기도 많이 나오지 않았을까 싶습니다만.

이 대표: 모두가 한 목소리로 극단적으로 표현하면 제가 죽어야 할 사람이라고 얘기하는 겁니다. 표현할 수 없을 만큼의 배반감, 분노가 올라왔습니다. 저는 진짜 그들을 사랑했거든요.

박 코치: 아…… 대표님께서 받은 충격이 얼마나 컸을지 상상이 갑니다.

이 대표: 네. 그때는 회사를 그만두고 싶었습니다.

박 코치: 그 충격이 사람에 대해 연구하는 계기로 이어졌나 봅니다.

이 대표: 맞습니다. 왜 내가 주고 싶은 '떡'과 구성원들이 먹고 싶은 '떡'은 다를까? 왜 사람들은 저렇게 생각하고 행동하는 걸까? 하는 고민에 빠져 있었는데, 우연히 한 신문의 책 소개 코너에서『인간의 사회생물학』이라는 책을 보게 되었습니다. 그때부터 생물학, 신경과학에 발을 들여놓게 되었는데 그 분야를 공부하면서 인간에 대한 분명한 답을 찾아가기 시작했습니다.

박 코치: 보통은 그럴 경우 경영학이나 인문학으로 접근하게 되는데 과학으로 접근하셨다는 것도 신기합니다.

이 대표: 처음에는 공자, 노자 같은 동양철학도 많이 공부했는데, 하다 보니 점점 과학의 비중이 높아졌습니다.

마이다스아이티의 피드백 코칭 시스템

피드백 시스템 1. 신입사원부터 CEO를 연결시키는, 월간 리포트

박 코치: 점점 궁금해지는데요. 대표님의 형이상학적인 철학을 어떻게 경영에 접목해서 탁월한 성과를 창출하는 선순환 사이클을 만들어 냈는지요?

이 대표: 하하하. 잠깐 자료를 보여 드릴게요. 저희가 약 40개 팀이 있는데 매월 팀장들한테서 리포트가 올라옵니다. 월간 리포트라고 하는데요, '성과 상태'와 '열정 상태' '특이사항'으로 구성되어 있습니다.

박 코치: 한 사람당 기록된 내용이 상당히 많은데요, 설마 이걸 다 보십니까?

이 대표: 저는 성과와 열정 상태는 보지 않고 '특이사항' 중심으로 봅니다. 보시는 것처럼 '퇴사의 마음이 있다.' '곧 셋째 출산 예정이다.' '여자 친구와 헤어져서 다소 기복이 있다.' 이런 내용이요. 이걸 메모해 두었다가 엘리베이터나 식당에서 만나면 어떤지 물어보고, 칭찬할 일은 칭찬도 합니다.

박 코치: 이게 다른 회사와 다른 소통 체계이자 피드백 시스템이군

요. 구성원들이 대표님이 자신에 대해 모르는 게 없다고 얘기하는 게 이런 이유였군요. 그런데 아무리 특이사항 중심으로 보신다고 해도 시간이 엄청 걸릴 것 같은데요. 구성원이 650명 정도 되잖아요. 이게 가능한가요?

이 대표: 2시간이면 됩니다. 성과는 알아서 책임지고 잘하니까 저는 구성원을 격려하고 도와줄 일이 없는가만 집중해서 보거든요.

박 코치: 모든 구성원을 세세히 챙기신다는 게 정말 놀랍습니다. 시오노 나나미의 『로마인 이야기』(2007)에 이런 얘기가 나오잖아요. 로마군을 계속 패하게 하던 카르타고의 한니발을 이긴 스키피오의 비결 중 하나가 바로 병사들의 이름을 외워서 불러 준 거라고요. 스키피오는 수만 명이나 되는 병사의 이름과 가족 환경까지 기억했고, 그런 인간적인 접근이 강력한 군대를 만들어 승리하게 했다고 합니다. 대표님이 기업에서 그것을 실천하고 있다는 느낌을 받습니다.

이 대표: 로마의 명장에까지 비유해 주시니 민망합니다. 구성원들에게 관심이 있으니까 기억하게 되는 것 같습니다.

박 코치: 이 제도가 각 조직의 리더들에게는 어떤 의미인지 궁금합니다. 이 정도 수준으로 매달 쓰려면 고생 좀 할 것 같거든요.

이 대표: 처음에는 '귀찮은데 이걸 왜 해야 하느냐.'는 얘기도 있었습니다. 하지만 월간 리포트를 쓰기 위해 리더들이 구성원들을 세밀히 관찰하게 되고, 그 과정에서 피드백과 멘토링이 활발하게 일어나면서 성과를 만들어 내고 성공 경험으로 이어지면서 자리를 잡았지요.

피드백 시스템 2. 자발과 자율 기반의 유기적 조직 체계, 셀 경영

박 코치: 리더들이 구성원들의 성장을 돕는 역할을 제대로 하고 있다는 생각이 드는데요, 그래도 리더들이 이 업무를 제대로 하려면 그에 맞는 환경이 필요할 것 같습니다.

이 대표: 그렇습니다. 그래서 저희는 모든 조직이 10이라는 숫자를 기준으로 구조화되어 있습니다. 우선, 팀 단위 셀은 단위 조직에서 네트워킹과 소통을 위한 최적의 규모로 운영될 수 있도록 10명 내외로 합니다. 한 부문을 구성하는 팀 수도 10개를 넘기지 않습니다. 한 명의 CEO가 관리하는 부문의 수도 10개로 제한해 총 인원이 1,000명을 넘지 않도록 합니다. 이 하나의 조직 단위를 셀이라고 부릅니다.

박 코치: 셀이라고 부르는 데는 아까 말씀하신 자연과 사람에 대한 대표님의 생각이 담겨 있을 것 같습니다.

이 대표: 네. 맞습니다. 우리는 우리 몸이 하나의 개체라고 생각하지만 사실은 60조 개의 세포로 이루어져 있잖아요. 60조의 세포가 각자의 기능을 제대로 하면서 유기적으로 연결되어서 우리 몸이라는 거대한 생명체를 유지하듯이, 조직의 셀들이 스스로 주인이 되는 경영을 하면서도 모든 셀이 하나의 지향점을 향해 가야 한다고 생각한 겁니다. 그러니까 같은 목적, 같은 목표, 같은 방법, 이 세 가지를 지향하게끔 하는 조직 체계입니다.

박 코치: 그렇군요. 셀의 단위를 10으로 제한하는 이유는 무엇인지요?

이 대표: 가장 소통이 잘 되고 최적화된 관리가 가능한 구조를 10명

으로 본 겁니다.

박 코치: 아마존의 CEO인 제프 베조스(Jeffrey Bezos)가 회의할 때 피자 두 판을 나눠먹을 수 있는 인원이 최적이라고 말한 게 기억이 나는군요. 대표님 말씀처럼 적은 숫자가 소통에 중요한 요인이 된다는 건 알겠습니다. 하지만 꼭 숫자가 적다고 소통이 잘 되는 건 아니지 않을까요?

이 대표: 핵심을 찌르는 질문을 하시는군요. 그래서 의사결정 단계가 매우 중요합니다. 저희 회사의 모든 의사결정은 3단계를 넘지 않습니다. 이것 역시 제가 사람을 연구하면서 얻은 결론인데요, 인체가 머리, 몸, 팔다리로 이루어져 있듯이 조직도 머리인 의사결정은 경영진이, 몸인 실행 책임은 리더가, 팔다리인 실행 주체는 실무 담당자가 하도록 구성했습니다. 이 3단계가 가장 합리적이라고 생각합니다. 접점이 많으면 많을수록 정보와 소통의 누수가 생기게 마련이고, 성과도 떨어지게 되잖아요.

박 코치: 많은 회사에서도 의사결정 과정을 줄이기 위해 권한을 위임하려고 시도하고 있습니다만, 제도를 바꿔도 실제로는 더 윗라인까지 보고하는 경우가 많은 걸로 알고 있습니다.

이 대표: 저는 셀 경영의 성공 여부가 권한 위임에 달려 있다고 봅니다. 그래서 업무를 위임하는 데 3R인 역할(Role), 책임(Responsibility), 권한(Right)까지 부여하는 걸 원칙으로 합니다. 이것은 셀의 리더뿐만 아니라 실행 담당자에게도 적용되는데요, 담당자에게 CEO의 권한을 줍니다. 예를 들면, 얼마 전 전 구성원이 참여하는 저희 회사에서 가장 큰 행사가 2박 3일 동안

있었는데, 비용 책정부터 기획 총괄을 사원급에서 했습니다.

박 코치: 사원급이 기획 총괄을 맡았다고요? 구체적으로 어느 정도의 권한이 주어지는지 궁금합니다.

이 대표: 기획 단계에서 1억 원의 예산을 책정하고 결재를 받았다고 해 보겠습니다. 실행하다 보면 1억 3천만 원이 들 수 있잖아요. 그러면 집행한 후에 보고합니다. 재무팀에도 집행 후에 통보하고요. 이런 식으로 재무권을 부여합니다.

박 코치: 음……, 사원급에게까지 재무권을 위임한다는 건 정말 파격적이네요.

이 대표: 저희는 창업 초기부터 대원칙이 '선집행 후보고'였습니다. 조직이 커지다 보니 어쩔 수 없이 3단계 제도를 만들긴 했지만, 더 단계를 늘리지는 않을 겁니다. 저는 '1억 원을 마음대로 쓰되, 1원이라도 헛되이 쓰지 마라.'고 말합니다. 셀 경영의 원칙은 자발과 자율입니다. 감시와 통제가 아닌 신뢰를 기반으로 했을 때 가능하겠지요.

박 코치: 신뢰가 또 등장하는군요. 셀 조직 경영이 실제로 어떤 성과를 냈는지 궁금합니다.

이 대표: 저도 놀랐습니다. 셀 조직으로 개편하고 6개월 만에 매출이 전년 동기 대비 150%를 상회했거든요. 건설경기가 안 좋을 때였는데도 말입니다.

박 코치: 정말 놀라운데요. 구성원들이 최선을 다해 일하고 있다는 생각이 듭니다.

이 대표: 네. 저는 구성원들이 자기가 가진 걸 다 쓸 수 있도록 도와야

한다고 생각합니다. 그게 자기실현이고 그 속에서 행복을 찾고 사회에 기여하는 거지요. 5만큼의 역량을 가진 사람은 5를 다 쓰고, 10만큼의 역량을 가진 사람은 10을 다 쓰게 해야지요. 신뢰가 커지면 자신의 역량을 80%, 90%까지도 올릴 수 있습니다.

박 코치: '자연의 결대로'라고 말씀하신 것처럼 '있는 그대로를 인정하고 그 속에서 최선을 다하게 한다.'는 말씀이시네요. 사원급에게도 기획 총괄을 맡긴다고 하셨는데, 어떤 사람에게 권한과 책임을 맡기는지 궁금합니다.

이 대표: 저희는 직책과 직급을 완전히 분리했습니다. 리더는 리더십이 있는 사람이 되어야 하잖아요. 직급이 높아진다고 리더의 직책을 맡기는 게 아니라 커리어 로드맵을 투 트랙으로 운영해 전문가의 길과 매니저의 길을 선택하게 합니다.

박 코치: 직급이 더 낮은 사람이 리더가 될 수 있다는 말이네요?

이 대표: 맞습니다. 과장 팀장 밑에 부장, 차장이 팀원으로 있는 경우도 많습니다.

박 코치: 네? 직급이 뒤집히는 경우가 많다는 말씀이신가요?

이 대표: 하하. 저희 조직도를 보여 드릴게요. 부장 팀장 밑에 이사가 있잖아요. 이 부장은 승진한 지 얼마 안 되는 신임 부장입니다. 여기 또 과장 팀장 밑에 부장 보이시죠? 대리 팀장 밑에 과장도 있고요. 현재 이런 경우가 30%가 넘습니다.

박 코치: 30%가 넘는다고요. 굉장한데요. 이런 문화가 정착되기까지는 갈등이 만만치 않았을 것 같습니다.

이 대표: 네. 이 제도를 처음 시행할 때 제가 신입사원으로 입사한 지

1년 된 사람을 팀장으로 올렸는데, 그 밑에 과장, 차장들이 있었습니다.

박 코치: 1년 된 사람을 과장, 차장 위에 팀장으로 올리다니, 구성원들로서는 상상하기 힘든 일이 벌어진 거네요.

이 대표: 1년 된 팀장 밑에서 일하게 된 과장, 차장들은 메신저로 '회사를 그만둬야 하나.' '자존심도 없나.' 이런 내용을 주고받으며 고민을 엄청나게 했다고 합니다. 하지만 지금도 잘 다니고 있습니다. 그 조직은 1년 후에 최고의 팀이 되었고요.

박 코치: 결국 그 제도가 자리를 잘 잡았다는 얘기네요. 마이다스아이티는 4년마다 자동 승진이 되는 걸로 알고 있는데, 직책과 상관없이 승진을 한다는 얘기군요?

이 대표: 바로 그겁니다. 이건 저희 회사에서 굉장히 중요한 의미를 갖습니다. 이렇게 되면서 정년을 없앨 수 있었거든요. 일반적으로 직책과 직급이 같이 올라가기 때문에 위로 올라가면 회사를 떠나게 되잖아요. 저희는 자신의 역할에 맞는 일을 정년 없이 하면 됩니다. 수당도 없습니다. 당연히 리더라고 해서 더 받는 게 없습니다.

피드백 시스템 3. 전 구성원을 참여시키는 전사 경영회의 & 공청회

박 코치: 아, 수당이 없는 것도 이 제도가 정착하는 데 힘이 되었을 것 같습니다. 셀로 조직을 세분화해서 책임과 권한을 주고 그 안에서 활발하게 소통이 일어나게 했다고 말씀하셨는데, 그러

면 회사 전 구성원의 소통은 어떻게 이루어지는지 궁금합니다.

이 대표: 크게 두 가지를 말씀드릴 수 있겠네요. 하나는 전 구성원이 참여하는 전사경영회의와 또 하나는 중요한 제도들은 반드시 전 구성원의 의사를 반영하는 공청회 제도를 말씀드릴게요.

박 코치: 전 구성원이 참여한다고요?

이 대표: 전사경영회의는 분기별로 진행되는데, 본사 구성원들은 모두 참여하고 해외에 있는 구성원들도 녹화를 해서 공유합니다.

박 코치: 경영회의에 모두를 참여시키는 사례는 별로 없는 것 같습니다. 어느 수준까지 전 구성원과 공유하는지 궁금합니다. 경영회의는 일반 회사에서는 임원진이나 간부급에서 진행하잖아요.

이 대표: 저희는 회사의 매출과 이익 등 숨기고 싶은 것도 모두 오픈합니다. 부문별로 어떤 일을 했고, 성과를 얼마나 냈는지를, 어디에 돈을 어떻게 쓰고 있는지, 현금을 얼마나 남겼는지를 다 오픈합니다.

박 코치: 그야말로 투명 경영을 하시는 거군요.

이 대표: 네. 저희는 돈이 목적이 아니니까 가능합니다. 돈을 내려놓으니까 철저히 사람을 중심으로 회사를 운영하게 되더라고요.

박 코치: 구성원 입장에서는 이 자리가 어떤 의미를 갖는지 궁금합니다.

이 대표: 저희가 추구하는 가치가 '행복, 보람, 나눔'이거든요. 우리의 기술로 세상을 행복하게 만들고, 그 일에서 보람을 얻고, 거

기서 얻어진 결과를 세상과 나누겠다는 거죠. 보통은 회사가 추구하는 가치를 입사할 때 외우고는 잊고 살잖아요. 저희는 이 시간을 통해 이러한 가치를 각자 내면화하고 자기 삶에 반영하고자 합니다.

박 코치: 다른 조직에서 어떤 일이 일어나고 회사가 어떻게 운영되는지 잘 모르고 자기 업무만 하게 되는 경우가 많은데, 회사 전체와 큰 방향을 함께 보여 주고자 하시는군요? 회사에 대한 자긍심이 올라갈 수밖에 없겠습니다.

이 대표: 네. 전사 경영회의 때 구성원들의 삶의 열정을 이야기하는 '열정 100도씨'라는 프로그램을 함께 진행합니다. 이때 구성원들이 어떤 마음으로 일하는지 듣게 되는데, 들을 때마다 가슴이 찡합니다.

박 코치: 부모가 자식을 보는 마음이 느껴지네요. 제가 마이다스아이티의 구성원들에게 들은 얘기 중 가장 놀라운 게 대표님이 늘 변화하려고 노력하고 실제로 바뀌는 모습을 보여 준다는 것이었습니다. 회사의 대표뿐만 아니라 연배가 어느 정도 되면 사람이 변한다는 건 정말 쉽지 않잖아요. 대표님의 치열한 노력이 옛날과 달라진 마이다스아이티를 만들어 낸 것 같습니다.

이 대표: 하하. 과찬이십니다.

박 코치: 아까 전 구성원을 참여시키는 제도로 공청회를 한다고 말씀하셨는데, 어떻게 하고 있는지 궁금합니다. 다른 회사들도 공청회는 많이 활용하는 걸로 알고 있습니다만, 구성원들이 실제로 제도 결정에 내가 참여했다고 느끼는 경우는 많지 않은 것

같습니다.

이 대표: 그래서 저희는 회사 내에 수십 명의 퍼실리테이터를 두고 있습니다. 리더들은 기본적으로 퍼실러테이팅을 할 수 있도록 훈련받습니다. 회사 제도에 대한 설명이 끝나면 퍼실리테이터가 소그룹 단위별로 들어가 토론을 진행하고, 그 내용을 정리하는 역할을 합니다. 포스트잇을 활용해 각자의 의견을 적게 한다든가 하는 방법으로 구성원들이 참여하도록 합니다. 이렇게 정리된 의견은 주관 부서로 전해져 수정을 거쳐 최종안을 도출해 내지요.

박 코치: 그렇게 되면 내 의견과 다른 결정이 난다 하더라도 구성원들이 투명하고 공정하게 운영되고 있다고 믿게 되겠군요.

이 대표: 네. 공청회는 조직 관점에서 보면 비효율적일 수도 있습니다. 한 달이 걸리든 세 달이 걸리든 참여시켜서 피드백 받고 시범으로 실행해 보는 과정을 거쳐야 하니까요. 하지만 그 과정에서 크든 작든 구성원들이 직접 참여하게 되어 제도에 대한 관심과 참여도도 높아지고 더 좋은 아이디어가 나오기도 합니다. 저희 구성원들이 좋아하는 여러 보상 제도가 있는데 그것도 이런 과정을 거쳐서 만들어졌습니다.

박 코치: 그렇잖아도 보상 제도에 대해 질문하려던 참이었습니다. 성과급도 없고 수당도 없다고 하셨잖아요. 보상은 어떻게 하는지 궁금합니다.

피드백 시스템 4. 365 보상 제도

이 대표: 성과급과 수당은 없지만, 저희 회사는 좋은 성과를 낸 구성원과 조직에게 성취감과 인정욕을 채울 수 있는 다양한 포상 체계를 가지고 있습니다. 저희는 365일 보상을 하고 있다고 말씀드릴 수 있습니다.

박 코치: 또 대표님의 심오한 철학 얘기가 나올 것 같은데요.

이 대표: 아이고, 뭐 대단한 것은 아닙니다. 저희는 매일 전 구성원이 서로 감사포인트를 주고받습니다. 이 감사포인트는 현금처럼 쓸 수 있는데요, 예를 들어 '오늘 대표님 얼굴을 보니까 답답하던 마음이 풀렸습니다. 대표님, 땡큐~!' 이러면서 포인트 두 개를 날려 줍니다.

박 코치: 하하하, 재미있네요. 이건 신입사원이 CEO에게도 줄 수 있나 봅니다.

이 대표: 네. 맞습니다. 수평적 동기부여 문화를 만드는 게 목적입니다. 내 일을 도와 준 후배나 선배, 또는 옆 팀 동료에게 감사를 표하고 싶을 때 포인트를 날려 주는 거죠.

박 코치: 365일 보상이라는 말이 실감납니다. 감사포인트를 받으면 그 자체가 피드백이요, 동기부여가 되겠네요.

이 대표: 네. 그렇습니다. 보상을 외적 보상과 내적 보상으로 나누면 외적 보상은 다시 사회적 보상과 물질적 보상으로 나눌 수 있는데, 저희는 물질적 보상은 지양하고 감사포인트처럼 구성원 간에 서로 인정하고 칭찬하는 사회적 보상을 주려는 것이지요.

박 코치: 물론 가장 중요하게 생각하시는 건 내적 보상일 거고요.

이 대표: 당연합니다. 일에 대한 성취욕과 조직에서의 인정욕을 충족시켜서 자신감과 존재감을 통해 자존감을 키워 주는 내적 보상을 가장 중요하게 생각합니다. 사회적 보상도 내적 보상을 위한 방법입니다.

박 코치: 물질적 보상을 지양한다고 하셨는데, 사실 대부분의 기업에서는 물질적 보상으로 직원들을 동기부여한다고 봐도 과언이 아닐 겁니다. 물질적 보상이 창의적인 일을 하는 사람에게는 효과가 없다는 연구 결과를 본 적이 있습니다. 혹시 마이다스아이티가 프로그램 개발을 주로 하는 창의적인 업무를 하는 조직이기 때문에 가능한 건 아닌지요?

이 대표: 저희 회사도 영업 조직이 있습니다. 업무 성격에 상관없이 똑같이 적용됩니다. 저는 학습을 어떻게 하느냐에 따라 구성원들이 다르게 행동할 수 있다고 믿습니다. 돈이 있어야 한다고 학습하게 되면 돈과 관련 없이 성과를 내고 있으면서도 돈 때문에 일하는 것처럼 생각하게 되거든요.

박 코치: 물질적 보상보다 더 중요한 보상이 있다는 것을 확신하고 계신 것 같은데요, 그 확신은 어디서 오는 건지요?

이 대표: 뇌가 그렇게 작동한다는 걸 이해했기 때문입니다. 돈이 없으면 불편하지만 돈이 있다고 행복하지는 않습니다. 돈이 작동하는 부분은, 이 뇌 모형을 보시면 전전두엽 중에서도 눈과 가까운 곳에 위치한 안와 전두피질이라는 곳인데, 여기는 도파민 회로와 연결되어 있어서 기분을 좋게 하고, 열심히 해야지 하는 생각을 하게는 해

주지만, 실제로 열심히 하게 하는 동력 역할을 하지는 못합니다. 다시 말하면, 시동을 거는 모터 역할은 하지만 목적지까지 가게 하는 엔진 역할을 하지는 못하거든요. 열심히 하게 하는 부위는 뇌의 복내측 전전두피질인데요, '성취하고 싶다' '인정받고 싶다'라는 생각을 여기서 주로 만듭니다.

박 코치: 그러니까 물질적 보상은 일시적인 쾌락은 주지만 지속되기는 힘들다는 말씀인 거군요?

이 대표: 네. 그렇습니다. 더구나 물질적 보상에 적응하고 나면 기대보다 못한 보상이 주어졌을 때 태만하거나 소극적으로 행동하는 것 같은 부정적 모습을 드러낼 수 있거든요. 쾌락중추는 중독 현상이 있어서 이전보다 더 큰 자극을 주지 않으면 자기도 모르게 힘이 빠집니다. 저희는 대가를 바라는 것보다는 자기를 열심히 쓰는 쪽으로 집중하게 만드는 걸 더 중요하게 생각합니다.

박 코치: 역시 뇌와 연결한 심오한 철학을 담고 있군요. 또 어떤 것이 있는지요?

이 대표: 감사포인트가 매일 이루어지는 보상 제도라면, 매월, 반기, 연 단위, 5년 단위로 이뤄지는 보상체계를 갖추고 있습니다.

박 코치: 매일부터 5년까지 매우 촘촘한 보상체계를 갖고 계시군요. 다 듣고 싶지만 아까 구성원들이 가장 좋아하는 제도가 있다고 말씀하셨잖아요. 그것부터 말씀해 주시지요.

이 대표: 포르쉐 주는 거 아주 좋아합니다.

박 코치: 포르쉐를 준다고요? 자동차 말씀이신가요? 매우 비싼 보상이데, 이건 대표님이 지양하신다는 물질적 보상 아닌가요?

이 대표: 정확히 말하면 한 달 동안 포르쉐를 탈 수 있는 건데요, 저희는 이 포르쉐가 물질적 보상 차원이라기보다는 구성원들의 삶에 스토리를 만들어 내길 기대하고 시행하고 있습니다. 포르쉐를 줄 때는 가족과 함께할 수 있는 외식상품권도 같이 주는데 부모님과 자녀까지 태우고 식당을 간다고 생각해 보십시오. 조직에서 인정받았다는 자부심을 가족과 공유하면서 그 과정에서 회사에 대한 자부심도 높아지고 스스로에 대한 신뢰, 조직에 대한 신뢰도 강화되지 않겠습니까?

박 코치: 특별한 스토리를 만들어 내고자 하셨다는 말이 이해가 갑니다. 가는 차 안에서 어떤 대화를 나눌지, 그 대화를 나누며 얼마나 뿌듯해할지 느껴집니다. 차 안이라는 공간이 설렘, 자랑스러움, 자신감, 기쁨 같은 좋은 기운으로 가득찰 것 같군요.

이 대표: 역시 코치님의 센스는 남다르시군요.

박 코치: 감사합니다. 이게 바로 매월 이뤄지는 포상이겠군요. 그러면 시간을 건너뛰어 5년 단위 보상에 대해 말씀해 주시지요.

이 대표: 5년마다 한 달간 유급휴가를 줍니다.

박 코치: 마이다스아이티는 승진도 연한이 차면 자동으로 되고, 또 5년이 지나면 무조건 휴가를 준다는 말씀이네요? 이것만으로도 '꿈의 직장'이라고 할 만한걸요.

이 대표: 하하하. 30일을 쉬기만 하는 게 아니라, 10일은 자유롭게 여행 등으로 사용하고, 20일은 회사에서 프로그램을 진행

> *"* 포르쉐를 타고 집에 갔더니 부모님은 어디서 훔쳐온 거 아니냐 걱정하셨고, 동생은 발렛파킹 알바 뛰냐고 핀잔을 주었지만 당당히 우수사원이 되어 받은 포상이라고 말씀드리자 뛸 듯이 기뻐하셨습니다.
> 요즘 부모님께 소홀했는데 오랜만에 아들 노릇을 한 것 같아 스스로 너무 대견했습니다.
>
> 우리 팀, 파트분들이 한 마음으로 같이 달성한 성과에 운 좋게 제가 상을 받은 거라 생각합니다. 앞으로 더욱 열심히 뛰어서 회사에, 또 제게 보답하겠습니다. 정말 모두에게 감사합니다. *"*

김기훈 대리
건축설계SW사업팀 설계1파트

합니다. 저희는 10일을 'Happy Week', 20일을 'Re: Born the Life'라고 부릅니다.

박 코치: 음…… 회사에서 진행하는 프로그램에 참여하는 거라면 솔직히 구성원 입장에서는 휴가 같지 않은 휴가 아닌가요?

이 대표: 그렇게 생각하실 수도 있겠네요. 'Re: Born the Life'는 제주도에서 20일 동안 진행되는데요, 말 그대로 자신을 재발견하고 인생을 재점검하는 시간과 공간과 경험을 제공합니다. 명상이나 요가, 기수련도 배우고 체질 개선이 필요하면 전문가가 도와줍니다. 또한 매일 성장노트를 작성해 자신의 인생 에세이를 쓰게 해서 나올 때 자신에 대한 책을 한 권 갖고 나오게 합니다.

박 코치: 살아가면서 며칠이라도 온전히 자신의 인생을 깊이 성찰하는 시간을 갖는 게 쉽지 않은 일인데, 20일 동안이나 회사가 비용을 부담해서 하게 해 주네요. 5년마다 그런 시간을 갖게된다니 놀라지 않을 수 없네요. 구성원들의 성장과 행복이 최우선이라는 대표님 말씀이 얼마나 진심인지 느끼게 해 주는 제도 같습니다.

이 대표: 그렇게 봐 주셔서 감사합니다. 저희는 'Re: Born the Life'와 비슷하지만 짧은 프로그램도 있습니다. 매년 2박 3일씩 참가해서 '나는 누구인가, 세상이란 무엇인가, 삶이란 무엇인가, 일이란 무엇인가' 하는 질문에 답을 찾는 시간을 가집니다. 나, 세상, 삶, 일 이렇게 네 가지 관점에서 성찰한다고 해서 '사관학교'라고 합니다.

박 코치: 놀랍습니다. 모든 구성원이 잠깐씩 멈춰서 나를 온전히 돌
아볼 시간을 주시는군요. 이런 프로그램은 전문 코칭에서도 다
루기 힘든 높은 차원의 영성 코칭 과정에 속합니다. 이런 걸 회
사에서 하고 있다니 놀라울 따름입니다.

이 대표: 아이고……, 과찬이십니다.

박 코치: 사실 이렇게까지 하지 않아도 회사는 성과를 낼 수 있습
니다. 대표님께서 구성원들에게 따로 비용을 들여서 성찰의 시
간까지 갖게 하는 진짜 이유는 뭡니까?

이 대표: 하하하. 여전히 같은 말씀을 드릴 수밖에 없습니다. '사람이 답
이다.'라고 생각하기 때문입니다. 저희가 지향하는 궁극적 가치는 구
성원의 행복과 세상의 행복 총량을 늘리는 것입니다. 그렇게 되면 개
인과 조직의 성장은 당연히 따라온다고 믿습니다.

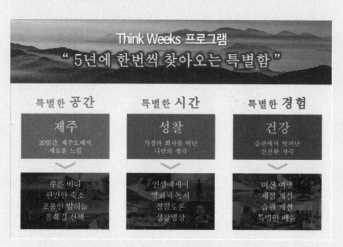

Re: Born the Life 프로그램

박 코치: 대표님의 진의를 믿습니다. 시작할 때 신뢰를 가장 중요하게 생각한다고 말씀하셨듯이 저는 이 모든 것이 대표님이 사람과 세상에 대한 신뢰를 가지고 있기 때문에 가능하다는 생각이 듭니다. 대표님처럼 운영하는 회사들이 늘어나기를 바라며 인터뷰를 마치겠습니다. 긴 시간 감사합니다.

이 대표: 저도 코치님 덕분에 즐거웠습니다. 감사합니다.

피드백 코칭을 시스템화한 기업, 포스코 ICT

포스코ICT는 포스코 그룹의 IT를 지원하는 '포스데이터'와 제철소 엔지니어링 운영과 정비를 맡고 있던 '포스콘'을 통합한 회사이다. 이질적인 두 조직을 하나의 문화를 가진 회사로 만들었기 때문에 시너지를 내기 위해서는 수많은 도전이 필요했다. 포스코ICT의 통합 초기에 CEO로 부임해 이 일을 성공시킨 허남석 대표와 통합의 성공에 어떤 피드백 코칭 시스템을 활용했는지 얘기를 나눴다.

물과 기름 같은 두 회사의 통합 스토리

박 코치: 오늘 허 대표님이 CEO로 계시면서 이루어 냈던 포스코 ICT의 성공 사례에 대해 얘기 나누게 되어서 기쁘고 기대가 큽니다.

허 대표: 저도 제가 했던 일을 피드백 코칭 관점에서 재조명할 기회가 되어서 의미가 크다고 생각합니다.

박 코치: 포스코 광양제철소장 시절 이룬 성과로 혁신의 전도사라는 평가를 받으셨지요?

허 대표: 그때를 생각하면 지금도 가슴이 뜨거워집니다. 제가 제철소장으로 부임해 일본과 기술 격차가 매우 큰 상황에서 우리가 자동차 강판 글로벌 넘버원이 되자는 비전을 세울 때 많은 사람

이 그저 해 보는 소리라고 생각했거든요.

박 코치: 그렇지만 그 상황을 뚫고 결국 3년 만에 해내셨잖아요.

허 대표: 하하하. 그랬습니다. 현장은 현장대로, 연구원들은 연구원들대로 정말 몰입해서 신나게 일한 덕분이었습니다. 철강 산업에서 70년 후발주자인 우리가 자동차 강판 분야에서 일본을 따라잡았으니까요. 더구나 자국 제품만 고집하는 도요타에 자동차용 강판을 공급했는데, 처음에는 가능하지 않은 목표라고 봤지요.

박 코치: 광양제철소장 시절 붙은 혁신의 전도사라는 이름답게 포스코ICT 사장으로 취임하면서 또 다른 성공 사례를 만드셨지요? 오늘은 그 얘기를 중심으로 나눠 볼까 합니다.

허 대표: 포스코ICT는 포스코 그룹 IT를 지원하는 '포스데이터'와 제철소 엔지니어링 운영과 정비를 맡고 있던 '포스콘'을 통합한 회사였습니다. 포스데이터는 신기술에 4년 동안 투자하여 기술적으로는 성공했지만 시장을 열지 못해 자본 잠식 상태가 되어 사업을 접을 위기에 있었습니다. 반면 포스콘은 재무구조가 탄탄했는데 회사에서는 이 둘의 시너지 효과를 기대해서 통합을 추진했습니다.

박 코치: 두 회사의 재무 상황도 크게 다르고 사업 영역도 전혀 달랐네요?

허 대표: 네. 포스데이터는 유연하고 창의적인 사고가 필요한 조직이라면, 포스콘은 상하 체계가 굳건하고 일사불란하게 움직이는 조직이었지요.

박 코치: 정말 다른 조직이네요. 구성원들은 이 통합을 어떻게 받아들였는지 궁금합니다.

허 대표: 음……, 한마디로 냉소적이었습니다. 통합에 찬성하거나 원했던 구성원은 거의 없었을 거예요. 이런 조합이 뭘 할 수 있을까 하는 시선으로 바라보고 있었지요.

박 코치: 그런 상황에서 CEO로 부임해 3년 동안 대단한 성과를 내셨습니다.

허 대표: 확신을 가지고 열심히 했더니, 감사하게도 많은 것이 달라졌습니다. 초창기 포스코 그룹 내에서 포스코ICT의 성과몰입도가 꼴찌였는데, 2년이 안 되는 시간에 최상위 그룹으로 올라갔으니까요.

박 코치: 정말 대단한 결과네요. 성과몰입도가 올라갔다는 건 그에 기반한 성과도 달라졌다는 의미겠지요?

허 대표: 네. 경영 실적도 급상승했습니다. 매출도 소망하던 1조 클럽에 진입하고, 영업이익도 통합 시점 대비 3배 성장했고요. 물론 이 실적에는 시장의 다른 요인도 작용했겠지만, 제가 추진한 여러 혁신 정책도 큰 몫을 차지한다고 생각합니다.

물과 기름을 재조합하기 위한 끝없는 토론

박 코치: 정말 놀라운 성과입니다. 어떻게 물과 기름 같은 두 회사를 하나로 만들어서 성과를 내셨는지 궁금합니다.

허 대표: 제도도 다르고 생각도 다르고, 일하는 방식도 다른 이 회

사를 어떻게 하나로 만들 수 있을까를 놓고 많이 고민했습니다. 가장 중요하게 생각한 게 활발한 피드백 문화를 만들어야겠다는 것이었습니다. 제가 구글 본사를 방문한 적이 있는데, 구글의 피드백 문화가 매우 인상적이었거든요.

박 코치: 피드백을 일상적으로 주고받는 문화는 피드백 문화 성숙 단계에서도 가장 높은 수준에 속합니다. 어떻게 해서 그 문화를 만들게 되셨는지 궁금합니다.

허 대표: 먼저 무엇이 진짜 중요한지를 공감하고 공유하기 위해 임원과 직책 보임자들이 모여 서로를 학습하는 일부터 시작했습니다. 서울 본사 외에도 광양과 포항에도 구성원들이 근무하고 있었는데, 매주 토요일마다 구성원들을 서울로 부르거나 서울에서 그곳으로 내려갔습니다. 학습이 끝나면 토론을 했고요.

박 코치: 서로의 차이점에 대해 학습하고 토론하셨다는 얘기를 들으니 물과 기름 분자를 분해해서 뜯어보는 작업을 하신 것 같습니다. 그래야 재조합해서 하나의 새로운 물질을 만들 방안이 나올 테니까요.

허 대표: 재미있는 표현입니다. 제가 제철소에서 근무했기 때문에 필요한 물질적 요소 외에도 정신적 피해의식, 상실감, 불신 등을 용광로에 녹여서 새로 만들어야 한다고 생각했습니다. 토요일마다 토론을 한다고 해서 '토마토'라는 이름을 붙였는데, 처음에는 불만이 상당히 컸지요. 그래도 시간이 지나면서 여러 시스템과 프로세스에 대해 공감대가 만들어지고, 회사의 비전이나 전략 등에 대한 미래 모습도 그리게 되었습니다. 4, 5개월을 매

주 이렇게 진행했습니다.

박 코치: 역시 CEO의 확신이 중요하네요. 임원들과는 현상을 놓고 집단 토론을 통해 함께 방향을 잡을 수 있었겠지만 그 외의 구성원들에게는 어떻게 전달됐는지 궁금합니다.

허 대표: 구성원들에게도 토론을 하게 했습니다. 두 조직을 섞어서 '트러스트 빌딩'이라는 이름으로 1박 2일 토론을 했습니다. 100명 단위로 묶어서 전 구성원을 참여시켰습니다. 회사에 요구하고 싶은 거 다 적게 했지요. 처음에는 불만이 쏟아져 나왔습니다. 하지만 토론이 진행되면서 점차 요구사항 중 70%는 스스로 지우고, 30%만 올라오더군요.

박 코치: 30%의 남은 불만은 어떻게 해결하셨는지 궁금합니다. 가장 예민한 문제가 남았을 것 같거든요.

허 대표: 네. 맞습니다. 승진이나 돈 같은 문제가 남더라고요. 공개 토론의 장을 만들었습니다. 서울에서 열리는 공개 토론을 광양, 포항까지 영상으로 연결해 전 구성원이 공유하는 자리를 만들었습니다. 이 자리에서 처음에는 예상대로 잘 나가는 회사를 왜 통합했느냐, 월급은 어떻게 할 거냐 같은 불만 섞인 질문이 많이 나왔는데, 5회를 진행하니까 불평불만이 많이 가라앉으면서 목표에 공감한다는 게 느껴졌습니다.

박 코치: '토마토'부터 '트러스트 빌딩'과 '공개 토론'까지, 진정성과 확신을 가지고 토론을 추진하고, 그를 통해 구성원의 마음이 움직이는 과정이 드라마틱합니다. '토론왕'이라는 별명을 붙여 주고 싶습니다.

허 대표: 하하. 제가 추진한 토론이 또 있습니다. 그동안은 두 이질적인 집단을 섞어서 토론을 진행해서 두 집단의 차이와 현황에 대해 공감했다면, 이번에는 각자 조직의 미래 목표에 대해 토론을 하게 했습니다.

박 코치: 두 이질적인 회사의 구성원들이 마음을 열고 공감하고 대안을 마련할 시간을 충분히 주신 거군요?

감사나눔운동으로 토양 다지기

허 대표: 네. 그렇게 토론이 정착되자 이제 감사나눔운동을 추진했습니다. 혁신을 하려면 긍정성과 신뢰가 바탕이 되어야만 하는데 토론만으로는 부족하다고 생각했어요. 토론으로 신뢰를 상당히 끌어올렸지만 그것이 지속되고 성과로 이어지려면 긍정성을 갖춰야 합니다. 그 긍정성 운동이 감사나눔운동이지요.

박 코치: 기업에서 감사나눔운동을 도입한 건 대표님이 거의 처음인데, 쉽지 않으셨을 것 같습니다.

허 대표: 구성원들도 '그런 걸 왜 기업에서 하느냐.' '그러면 일은 누가 하느냐?'는 반응이었고, 그룹의 컨트롤타워에서도 비판적이었습니다. 하지만 저는 절실했고, 또 확신이 있었거든요.

박 코치: 다른 기업에서도 사례가 없었고, 대표님도 경험이 없었는데 확신을 가지고 추진하셨다는 게 놀랍습니다.

허 대표: 제가 마침 포스코ICT 부임 몇 달 전에 한국 혁신의 구루이자 제 멘토인 손욱 회장에게 매일 다섯 가지 감사한 점을 적어

보라는 제안을 받았어요. 매일 5감사를 쓴다고 뭐가 달라질까 싶었지만 멘토와 약속을 했기 때문에 지키지 않을 수가 없었어요. 그런데 5개월 정도 하면서 제 인생에서 가장 놀라운 경험을 하게 된 겁니다. 하지만 전례가 없으니 모든 것을 새롭게 만들어야 했습니다. 처음에는 임원들과 하루 5감사쓰기부터 시작해서 전 구성원 100감사 쓰기, 감사 스토리 공모전, 감사 페스티벌 등 감사를 이어갈 수 있는 활동을 꾸준히 추진했습니다. 감사운동이 자리 잡는 데는 2년 정도 걸렸습니다.

박 코치: 대표님의 뚝심에는 감탄하지 않을 수가 없습니다. 그렇게 해서 GWP(Great Work Place)의 새로운 모델을 만드신 거군요? 그 토대 위에서 일하는 방식은 구체적으로 또 어떻게 변화시켰을지 궁금합니다.

포스코 ICT의 피드백 코칭 시스템

문제를 드러내서 저절로 풀리게 하는 VP(Visual Planning)

허 대표: 저는 좋은 토양을 만들어서 그 토대 위에 일하는 방식을 혁신시켜 보고자 했습니다. 일하는 방식의 변화 중에서 가장 힘주어 추진한 일이 VP(Visual Planning)입니다. 한마디로 '드러내기 경영'이라고 보시면 됩니다.

박 코치: 드러내기 경영이요? 무얼 드러낸다는 건지요?

허 대표: 조직의 비전이나 가치도 드러내고, CEO부터 시작해 사원까지 각자가 하는 일을 눈앞에 드러낸다는 겁니다. 『손자병법』에도 '상하동욕자승(上下同欲者勝)'이라고, 지휘관과 병사가 한마음이 되면 전쟁에서 승리한다고 하지 않았습니까? 그것처럼 구성원 모두가 같은 마음이 되도록 우리가 어디를 향하고 있는지 무얼 해야 하는지를 모두 드러내자는 겁니다.

박 코치: 드러낸다는 것이 경영에 어떻게 구체적으로 접목되는지 궁금합니다.

허 대표: 일본의 도요타에서 실행한 VP 방법을 보면 재미있습니다. 도요타의 VP 실행 내용 중에는 신호등 관리기법이라는 시스템이 있었습니다. 자동차 생산라인에 문제가 생기면 빨간 신호등을, 문제가 있을 가능성이 있으면 주황색 신호등을, 문제가 없으면 초록색 신호등을 켜는 겁니다.

박 코치: 실제로 신호등을 현장에서 사용했다는 겁니까?

허 대표: 맞습니다. 현장에 진짜 신호등을 켜서 모든 사람이 생산 구간별로 벌어지고 있는 상황을 한눈에 보게 한 것이지요.

박 코치: 하하하. 재미있네요. 그렇게 되면 전체 공정을 볼 수 있을 뿐 아니라 구간별로 역할과 책임이 더 명확해질 수밖에 없겠습니다.

허 대표: 그렇지요. 마라톤 선수도 원하는 시간 내에 달리기 위해서는 5km 단위로 목표를 설정하고 관리한다고 하잖아요. 구간별로 체크하면 문제점과 해결책을 더 쉽게 찾을 수 있지요.

박 코치: 대표님께서는 VP를 어떻게 적용하셨는지 궁금합니다.

CEO의 계획을 수천 명이 공유한다

허 대표: 포스코ICT에 적합한 VP를 만들었지요. 저는 포스코ICT CEO로 취임하기 전 광양제철소장 시절부터 VP를 시행하고 있었습니다. 제가 광양제철소에서 낸 많은 성과도 VP 덕을 크게 봤거든요. 이런 일도 있었습니다. 광양의 한 유치원에서 저희가 하는 VP를 보고는 그들도 시행했는데, 결과가 놀라웠어요. 원아 모집이 힘들던 유치원이 너도 나도 줄 서는 유명 유치원으로 바뀐 겁니다.

박 코치: 하하하. 지역 유치원에까지 영향을 미치셨군요? 광양제철소의 성공 사례를 여러 회사에서 벤치마킹했다는 얘기를 들었는데, 그게 혹시 VP였나요?

허 대표: 맞습니다. 당시 웅진, LG, 농심 그룹 등의 경영진이 저희 회사를 방문해서 배워 갔습니다. 그분들은 어떻게 CEO의 생각을 구성원에게까지 전달하고 하나가 되어 움직이게 하는지 매우 궁금해했습니다.

박 코치: 저도 궁금합니다. 막연하게나마 업무를 드러내서 공유한다는 뜻으로 이해되긴 하는데, VP를 어떻게 구체적으로 진행하셨는지 궁금합니다.

허 대표: VP를 한마디로 정리하면 '개인이나 조직의 업무 상황을 한눈에 볼 수 있도록 만들어서 효율적으로 일하게 하는 방식'이라고 할 수 있습니다. 그래서 가장 먼저 비전과 전략을 명확하게 수립하는 게 중요합니다. 이때도 토론을 통해 비전과 전략을 수립합니다.

오늘 할 일 확인	팀별 VP 미팅	개인별 VP 활동	실적 정리 후 퇴근
*매일 출근과 동시에 개인별 일정 *관리 확인 및 보완	*VP 미팅 장소로 이동 업무 및 이슈 공유	*팀원: 업무 수행 *팀 리더: 업무 코칭/ 피드백	*오늘의 VP 실적 확인 및 일정 관리

VP-하루의 일과[1]

박 코치: 역시 토론을 통해 조직의 방향을 수립하셨군요. 그렇게 방향이 세워지면 본격적으로 VP가 시작되겠네요. 그다음 과정이 궁금합니다.

허 대표: 회사의 비전과 전략이 수립되면 저는 이제 제 KPI를 구체적으로 잡습니다. 매달 말이 되면 퇴근 후 집에서 이 계획을 짰습니다. 조용히 몰입할 시간이 필요했거든요.

박 코치: 아아……, 대표님이 추진한 VP가 왜 힘을 발휘했는지 벌써 알 것 같은데요. 일반적으로 회사에서 큰 방향이 세워지면 각 조직별로 계획을 수립해 오라고 하잖아요. CEO가 직접 자기 계획을 수립하는 경우는 들어본 적이 없는 것 같습니다.

---

1) 허남석(2014).

허 대표: 저는 VP의 성공에서 그걸 가장 중요하게 봅니다. 경영진의 생각이 사원에게까지 제대로 공유되려면 CEO의 생각이 뭔지 분명하게 보여 줘야 한다고 생각했습니다. CEO의 계획이 나오면 이걸 각 사업본부의 임원들과 공유하면서 또 토론을 합니다. 토론 후 합의된 목표와 계획에 따라 각 사업부에서는 이 계획을 참고해서 자기 사업부에 맞는 계획을 수립합니다. 이 과정에서 부서장 및 부서원들의 상황과 의견이 또 다시 토론 과정을 거쳐 반영됩니다.

매월 임원실을 돌며 토론하다

박 코치: 여러 단계별 토론을 통해 실현 가능한 비전과 계획이 세워지는 것은 물론 CEO의 구상이 일사불란하게 전 조직의 계획 수립에 반영되었겠습니다. 하지만 실행하는 건 또 다른 문제 아닌가요? 계획은 잘 세워 놓고 실행이 잘 되지 않는 경우가 많으니까요.

허 대표: 네. 맞습니다. 계획이 제대로 실행되도록 하는 일이 중요했습니다. 그래서 제가 매월 초에 다른 스케줄을 전혀 잡지 않고 집중해서 한 일이 있습니다. 스태프들을 대동하고 임원들 방을 차례로 번갈아 방문하는 게 가장 중요한 업무였습니다. 이 자리에는 각 사업본부별로 임원은 물론 부서장들도 참석하도록 해서 임원의 발표가 끝나면 부서장들도 돌아가면서 3분 스피치를 하도록 했습니다. 저는 이게 꽤 강력했다고 생각합니다. 임원들

이 계획을 수립하기 위해 부서장들과 여러 번 토론을 거듭했고, 부서장들은 또 팀장 및 팀원들과 계속 논의를 해야 했거든요.

박 코치: 매월 한 번의 회의를 통해 계획부터 실행까지 꼼꼼하게 챙기신 거군요. 임원이나 부서장들로서는 무척 긴장되는 시간이었겠네요.

허 대표: 하하하. 그랬다고 하더군요. 하지만 저도 그 자리에서 건의사항을 듣고, 제 계획에 포함시켜야 하는 게 있으면 수정했습니다. 또 지원할 부분이 있는지 확인하고 이슈가 있으면 함께 토론도 하고 격려로 마무리했는데, 이게 강력한 피드백 역할을 한 것 같습니다. 토론이 끝나고 정리되면 반드시 확인(confirm)하고 재확인(reconfirm) 과정을 거쳤습니다. 이 자리에서 논의되고 나면 저한테 보고하지 말고 책임지고 진행하게 했습니다. 권한과 책임을 위임한 거지요.

박 코치: 대표님 말씀을 들으니 어떻게 조직의 비전과 CEO의 계획까지 구체적으로 드러내어 수천 명의 조직이 한 마음으로 움직이도록 했는지 이해가 됩니다.

피드백 소통의 장이 된 VP 보드판

허 대표: 저희는 업무 진행 상황을 진짜로 눈앞에 함께 보면서 공유했는데요, 주로 보드판을 이용했습니다. 보드판에 주요 KPI 계획 및 실적, 월간 계획, 주간 계획, 주요 이슈 등을 게시합니다. 그러면 매일 이 보드판 앞에 전 팀원이 모여서 이 내용에 대해 얘기를 나누는 겁니다.

박 코치: 전 구성원의 눈앞에 조직의 업무 내용을 담은 보드판을 드러냈군요? 업무 진행 상황이 좀 더 직관적으로 드러났을 것 같습니다.

허 대표: 네. 모두 모여서 각자 어제 한 일과 오늘 할 일에 대해 얘기 나누며, 항목별로 진행 상황을 보드판에 함께 표시해 갑니다. 업무 진행에 어려운 점이 있으면 얘기하고, 그 자리에서 결정할 사안이 있으면 바로 했습니다.

박 코치: 의사결정이 매우 빨라졌겠는데요?

허 대표: 맞습니다. 게다가 딱딱하거나 길어질 수 있는 회의를 따로 할 필요가 없고, 보고를 위해 준비하는 시간도 줄이니까 업무에 집중할 시간이 늘어났습니다. 아, 그리고 시작하기 전에 감사한 일에 대해 먼저 얘기했는데 이것도 효과가 컸습니다. 저희가 감사나눔운동을 추진했잖아요. 그걸 VP 미팅에도 적용했습니다. 처음에는 어색해했지만 점차 회의 분위기를 부드럽고 긍정적으로 바뀌게 만들었습니다.

박 코치: 감사나눔운동을 업무와 직접 연결시키셨군요.

허 대표: 네. 구성원들의 성장 관점에서도 필요한 부분에 대해 이 자리에서 코칭이 이루어졌습니다. 긍정적인 분위기에서 VP 미팅을 하니까 그 자체가 활발한 소통의 장이 되었습니다.

박 코치: 어떻게 보면 업무를 게시해 놓고 함께 보며 미팅하는 간단한 자리인데, VP 미팅 시간이 피드백과 피드포워드, 경청, 공감, 인정이 활발하게 이루어지는 매우 중요한 기능을 했겠네요. 여러모로 시너지를 만들어 내는 제도였을 것 같습니다.

앞면	뒷면

실제 사용한 VP 보드판 모습[2]

허 대표: 네. 이 제도를 시행하면서 팀의 단결력이 좋아지니까, 또 그게 성과로 이어지는 선순환이 일어나더군요. 그래서 포스코 ICT에 오면 분위기가 다르다, 따뜻하고 활기가 있다는 얘기를 많이 들었습니다.

박 코치: 처음에 통합할 때 의기소침하고 냉랭하던 분위기였다고 하셨는데 그때와 완전히 상황이 달라졌네요.

피드백 시스템을 정착시킨 진짜 힘, 듣고 또 듣는다

박 코치: 대표님의 말씀을 듣다 보면 조직의 성장에 가장 필요한 게 뭔지를 찾아내고 그에 맞는 시스템을 바로 적용하고, 또 그에

---

2) 허남석(2014).

따라 새로운 시스템을 찾아내는 일이 쉼 없이 이어집니다. 왜 경영학자들이 대표님이 하신 일을 '경영학 교과서' 같다고 표현 했는지 잘 알겠습니다. 저는 대표님 이야기를 들으며 이제까지 말씀하신 여러 시스템도 힘을 발휘했겠지만 무엇보다 대표님께 서 늘 현장에 붙어 있었던 게 가장 큰 힘이었다는 생각이 들었 습니다. 현장에서 구성원에게 거친 소리도 듣고, 함께 답을 찾 고자 하셨기 때문에 그때그때 상황에 맞는 전략을 떠올릴 수 있 었을 것 같아요.

허 대표: 그렇게 봐 주셔서 감사합니다. 코치님 말씀처럼 저는 현장 을 정말 중요하게 생각했습니다. 짧은 현장 토론을 통해서 중요 한 아이디어를 얻곤 했으니까요. 제철소에 있던 때도 그랬고, 포스코ICT에 와서도 시간이 되면 사원급들까지 모이게 해서 밥도 먹고 차도 마시면서 이야기를 들었습니다. 듣다 보면 길이 보이더라고요.

박 코치: 대표님은 구성원의 가족과도 함께하는 시간을 자주 가 졌다고 들었습니다. 이유가 있으신지요?

허 대표: 네. 저는 가족을 불러서 식사도 하고 파티도 했는데요, 제 가 이 자리에서 부인들에게 남편이 회사에서 얼마나 중요한 일 을 훌륭하게 하고 있는지를 얘기해 줍니다. 그러다 보면 부인들 이 남편을 더 믿고 응원하게 되니까 그 남편이 일을 더 신나게 하게 되지요.

박 코치: 남편들이 부인 앞에서 위신을 세우고 싶어 하는데, 그걸 대표님이 해 주시니 더 어깨가 으쓱했겠습니다. 일을 떠난 그런

사적인 자리가 대표님이 일을 추진하는 데 큰 힘이 되었을 것 같습니다. 그래서 서로 이질적인 물과 기름이 좀 더 자연스럽게 서로에게 스며들 수 있지 않았나 싶습니다.

허 대표: 저도 즐거워서 한 일이었는걸요.

박 코치: 대표님이 듣는 걸 참 잘하셔서 그런 자리가 구성원들과 그 가족에게도 의미 있는 자리가 되었을 것 같아요. CEO가 잘 듣는 경우는 흔치 않거든요. 부사장만 돼도 듣는데, 사장이 되면 안 듣는다는 얘기도 있거든요.

허 대표: 하하하. 그렇습니까? 저도 처음에는 제 얘기를 많이 하는 스타일이었습니다. 그런데 변하게 된 계기가 있었습니다.

박 코치: 그 계기가 궁금한데요?

허 대표: 계장 시절 상사가 아주 무서운 분이셨어요. 꿍장히 유능한 분이었는데, 완벽을 추구하는 지시통제형이었어요. 회의 들어가면 지시사항을 적어 오기 바빴지요. 그 지시사항 수행하느라 허겁지겁 일하다 보면 또 지시사항 떨어지고……, 안 되면 모멸감을 느끼도록 혼나고…….

박 코치: 대표님도 그런 시절이 있었군요? 그런데 어떻게 그분이 대표님을 경청 잘하는 사람으로 만든 건가요?

허 대표: 그때 회사를 그만두려고 진지하게 고민할 정도로 힘들었어요. 그때 제 아내가 "당신과 그분은 서로 다른 사람이다. 당신은 선이 굵고 그분은 완벽을 추구하는 사람이다. 당신이 그분의 장점만을 배우려고 노력한다면 당신은 더 멋진 사람이 될 거다."라고 했는데, 그 말이 생각을 전환하게 만들었어요. 그때부터 그분을 반

면교사로 삼아 잘 듣는 리더가 되기 위해 노력했습니다.

박 코치: 하하하. 사모님이 큰 역할을 하셨군요. 구성원들이 대표님을 어떻게 봤는지도 궁금한데요?

허 대표: 한 임원이 그러더군요. 과장하고 거짓말까지 하는 게 보이는데도 끝까지 끄덕이면서 듣는 게 신기했다고. 화를 낼 만한 상황인데도 듣는다고요.

박 코치: 어떻게 그러실 수 있었습니까?

허 대표: 잘 들어주면 그다음에 자기 말에 책임을 지거든요.

박 코치: 야단을 치지 않고도 결국 스스로 만회하도록 기회까지 주신 거네요? 대표님은 날카롭게 지시하기보다는 웃는 얼굴을 보여 주면서도 구성원이 더 열심히 일하게 만드는 마력을 가진 것 같습니다.

허 대표: 하하. 마력이라니요. 다 같이 행복하자고 일을 하는 거잖아요. 저는 왜 그렇게 변화와 발전을 추구하느냐는 질문을 받으면 세상을 행복하게 하는 마중물이 되고 싶어서라고 이야기하거든요. 하지만 그걸 쉽게 믿지는 않더라고요. 구성원들이 행복해야 기업도 더 잘 되고, 그 과정에서 세상도 더 행복해질 수 있다고 믿었거든요. 그게 후손을 위해 우리가 해야 하는 역할이라고 생각합니다.

박 코치: 제가 보기에는 대표님이 앞장서서 실천하면서 보여 주셨기 때문에 대표님의 진정성이 전달되고 퍼져 간 것 같습니다. 이야기 나누면서 제 가슴도 뜨끈뜨끈해진 것 같습니다.

허 대표: 이렇게 제가 한 일을 성과로 정리할 기회를 주셔서 제가 더 감사합니다.

✈✈✈✈

CEO부터 말단 구성원까지 피드백이 통해야 한다

약속한 날, 강 팀장이 공원 앞 카페에 갔더니 박 코치가 먼저 와서 기다리고 있었다.

"이 테라스 자리가 마음에 들어서 좀 일찍 와서 자리를 잡았네."

"하하, 코치님. 오늘도 다른 면모를 보여 주시네요. 예전보다 감성적으로 변하신 것 같아요."

"그런가? 내가 생각해도 좀 더 촉촉한 사람이 되어 가는 것 같긴 해. 세상이 더 아름다워 보이고 감사한 것도 많아졌다네."

"그런 코치님 모습이 좀 낯설긴 하지만 행복해 보이세요."

"그런가? 고맙네. 그래, 자료를 본 느낌은 어떤가?"

"코치님과 공부한 내용을 실제로 실천하는 곳들이 있다는 게 신기했고, 피드백 코칭이 조직에 내면화되었을 때 어떻게 성과로 이어지는지를 확인한 것 같아요."

"그동안 내가 한 얘기가 과장으로 들렸다는 거지?"

"하하, 솔직히 실제로 적용할 수 있을까를 의심하지 않았다고 하면 거짓말이지요. 서로 다른 두 회사의 사례를 함께 보니까 피드백 코칭의 힘을 더 확실히 확인하게 되었어요. 두 회사가 다른 부분도 있고, 또 공통점도 많더라고요."

"그래? 다른 부분은 뭔가?"

"마이다스아이티는 CEO가 아주 오랫동안 철학적 고민을 해 왔고, 그 바탕 위에서 회사의 시스템이 만들어졌잖아요. 그래서 이상적인 CEO가 만들어 낸 이상적인 회사라는 생각이 들었어요. 반면 포스코ICT는 조직을 빠른 시간 안에 변혁시키겠다는 CEO의 열망과 뚝심이 성과를 낸 걸로 보여요."

"그래서 어떤 차이가 있나?"

"마이다스아이티는 회사가 성장하는 과정에서 피드백 시스템을 하나씩 내재화해 갔다면, 포스코ICT는 문제 상황에서 시작해서 더 많은 피드백 시스템이 집중적으로 시행됐던 것 같아요. 수많은 토론이요. 그게 서로를 거울에 비춰 주는 작업을 한 거잖아요. 토론으로 공감대를 형성한 후에는 VP 등의 시스템을 갖춰나가고요. 대표님이 제철소 출신이어서인지 용광로처럼 짧은 시간에 필요한 시스템을 만들어 회사를 성장시켰다는 생각이 들었어요. 반면 마이다스아이티는 '어떻게 하면 구성원의 잠재된 가능성을 더 발현시킬 수 있을까?'를 끊임없이 고민하며, 그 과정에서 필요한 피드백 시스템을 하나씩 하나씩 탄탄하게 갖춰간 걸로 보여요."

"제법인걸. 자네 말을 들으니 두 회사가 처한 시간과 공간의 차이가 느껴지는군. 그러면 공통점은 뭔가?"

"피드백과 피드포워드가 활발히 일어났다는 게 두 회사의 가장 큰 공통점 같아요. 지난번에 피드백을 제대로 받으면 구성원들이 얼마나 놀랍게 성장하는지 얘기 나눴잖아요. 바로 그 사례더라고요. 그리고……, 또 하나, 제가 느낀 건 두 회사가 다 투명하다는 거예요."

"자네가 말하는 투명하다는 건 어떤 건가?"

"CEO부터 맨 아래 구성원까지 하나로 연결되어 있다는 느낌인데요. 예전에 코치님이 나가신 이후에 새로운 임원이 여러 명 오면서 회사 분위기가 많이 바뀐 적이 있었거든요. 그때 제가 받은 느낌이 불투명해졌다는 거였어요. 내가 아무리 열심히 일해도 CEO에게는 저 임원들의 왜곡된 평가를 통해 전달될 거라는 생각이 들었거든요. 일할 때 의지가 자꾸 꺾여서 힘들었어요."

"회사의 목표와 비전부터 실행까지 그 과정에서 피드백이 한 방향으로 정렬되는 게 얼마나 중요한지를 직접 경험했구먼. 중요한 얘기야. 구성원 입장에서도 한 방향 정렬이 중요하지만 CEO 입장에서도 매우 중요해. CEO가 항상 현장과 가까이 있어야 제대로 된 의사결정을 할 수 있거든. 어떤 결정을 내릴 때 '직관'으로 한다고 하는데 그게 바로 현장과 밀착해 있을 때에만 느낄 수 있는 거거든."

"맞아요. 그래서 저도 좀 더 현장과 가까이 있어야겠다는 생각을 했어요. 그런데 현장에 자꾸 가면 간섭하는 걸로 보일 수도 있지 않을까요?"

"하하. 합당한 문제 제기야. 그래서 마이다스아이티도 월간 리포트 등을 통해 구성원들과 늘 가까이 있으려고 노력하는 한편, 셀 구조를 통해 권한을 확실히 위임하잖아. 포스코ICT의 허 대표도 매달 초에 임원실을 돌면서 VP를 통해 자세하게 피드백과 피드포워드를 하고 나면 그다음부터는 믿고 맡겼고."

"리더가 정확하게 현장을 파악하고 있으면서 책임과 권한을 넘겨야 한다는 거네요."

"그렇지. 그러면서도 언제든지 피드백 통로가 열려 있어야 하는 거지. 쌍방향 모두 말이야."

"하하……, 어렵네요. 이래서 리더들이 공부하고 훈련받을 필요가 있다는 생각이 듭니다."

"그래도 리더가 제대로 역할을 했을 때 구성원들과 조직이 성장하는 걸 경험하게 되니까 가장 필요한 보상을 받게 되는 셈이지. 그래, 또 찾아낸 공통점이 있나?"

"네. 사람을 중요하게 생각한다는 거요. 신뢰가 우선되지 않으면 피드백이 효과가 없다고 하셨잖아요. 두 회사 모두 사람을 중심에 두고 있어요. 마이다스아이티는 기본 철학 자체가 사람을 중심에 두고 있어서 신뢰가 강하게 자리 잡았고, 포스코ICT도 여러 시스템이 사람을 중시한다는 생각이 들었어요. 감사나눔운동은 사람을 중요하게 생각하지 않으면 추진하기 힘든 일로 보이거든요."

"핵심을 잘 찾아냈네."

"인정해 주셔서 감사합니다. 저는 두 회사를 보면서 문화를 통해 일하게 만들었다는 생각을 했어요. 그야말로 포스(Force)가 아닌 파워(Power)를 사용하는 코칭형 리더십을 보여 주니까 구성원들이 마음을 담아 일하게 되었을 것 같아요."

스스로를 향한 피드백의 기회를 제공한다

"몇 주 동안 공부한 성과가 아주 큰걸. 두 회사의 사례를 정리하는 걸 보니까 그동안 함께 공부한 내용을 잘 소화하고 있다는 생각이 들어 뿌듯하구먼."

"뭘 이 정도로 감동받고 그러십니까? 제가 찾아낸 중요한 공통점이 또 있어요."

"하하, 그래? 뭔가?"

"두 회사 모두 스스로에 대해 피드백할 기회를 준다는 거예요. 일을 하다 보면 나 스스로를 돌아보는 게 쉽지 않잖아요? 마이다스아이티의 사관학교나 포스코ICT의 감사나눔활동이 나 자신을 돌아보게 하는 계기를 줘요. 내가 나를 피드백하고 또 그를 통해 다른 사람을 피드백할 때 더 깨끗한 거울을 사용하게 해 준다는 생각이 들었어요."

"셀프 피드백이 일어나고 있는 걸 찾아냈구먼. 오늘 자네를 셀프 피드백해 보면 어떤가?"

"음……, 코치님하고 피드백 코칭을 공부하는 게 즐거워요. 제가 리더로서 어떻게 하느냐에 따라서 제가 맡은 조직이 바뀔 수 있다는 희망 때문이에요. 그동안은 구성원들의 문제만 보였다면 이제 제 모습을 객관적으로 하나씩 보게 된 것만으로도 기쁘거든요. VP가 문제를 드러내면 풀린다고 했듯이 저도 제 문제가 보이기 시작하니까 곧 풀릴 거라고 믿어요."

"하하. 나도 희망이 생긴다네. 그동안 코칭을 하면서 리더들이 변하는 모습을 많이 봐 왔지만 내가 아끼는 자네가 무럭무럭 성장

하는 모습을 가까이서 보니까 코칭 교육을 통해서 조직이 더 건강
하게 성장할 수 있다는 믿음이 더 커졌다네."

"제가 코치님께 희망을 드린 거네요? 저도 기쁩니다."

"오늘은 일찍 끝났으니 저 공원을 한 바퀴 돌고 가는 건 어떨
까?"

"좋습니다. 마침 비도 그쳤네요."

PART 2

피드백 코칭 스킬 기초 다지기

무엇을 어디까지 들어야 하는가

내 메시지를 전달하고 아이디어를 확장하는 대화법

부드러우면서도 강력하게 요청하는 방법을 터득하라

내 귀가 열리게 된 다섯 번째 만남

무엇을 어디까지
들어야 하는가

"경청이 중요하지만 실제로 경청을
잘하기는 어렵지. 오죽하면 미래에는
'경청자'라는 직업이 생길지도
모른다고 하겠나?"

강 팀장과 박 코치는 회의실로 들어갔다. 회의실 모니터에는 '매니저를 위한 구글의 여덟 가지 원칙(Google's 8 Rules for Managers)'이라는 자료가 떠 있었다.

Google's 8 Rules for Managers[1]

1. 좋은 코치가 되라.

2. 구성원들에게 권한을 위임하고 지나치게 간섭하지 마라.

3. 구성원들의 성공과 삶의 질에 관해 관심을 표명하라.

4. 약한 모습을 보이지 마라. 생산적이고 결과 지향적으로 행동하라.

5. 좋은 커뮤니케이터가 되고 구성원들의 얘기에 귀를 기울이라.

6. 구성원들의 경력 개발을 지원하라.

7. 팀의 비전과 전략을 명확히 하라.

8. 필요시 구성원들을 도울 수 있는 핵심 기술을 갖추라.

---

1) The New York Times (2011).

"어? 이건 뭔가?"

"오늘 저희 팀 회의실에서 코치님과 미팅하는 기념으로 준비해 본 거예요. 요즘 코치님과 공부하면서 저도 어떻게 하면 괜찮은 리더가 될 수 있을지 고민하면서 자료도 찾아보거든요. 그러다가 이걸 발견했는데, 저도 나름대로 원칙을 만들어 보고 싶더라고요. 그래서 정리해 봤습니다."

훌륭한 리더로 거듭나기 위한 나의 원칙

1. 자유롭게 피드백을 주고받을 수 있는 조직 분위기를 만들자.
2. 나부터 좋은 코치가 되자.
3. 구성원들을 신뢰하고 임파워링하자.
4. 목표와 역할, 계획을 투명하게 공유할 수 있는 시스템을 만들자.
5. 구성원 한 사람 한 사람의 성장에 관심을 기울이자.

"하하하. 구글은 피드백이 일상인 기업이지. 자네가 만든 원칙도 멋지구먼. 앞으로 공부를 해 나가면서 수정·보완해 가면 더 좋겠네."

"저도 그럴 생각입니다.

"그나저나 자네 태도가 너무 달라져서 놀랐네. 무슨 일이 있었던 건가?"

"하하, 긴장하지 않으셔도 됩니다. 지난번 리더의 신뢰에 대해 얘기를 나눈 이후에 제가 놀라운 걸 경험했거든요."

"그래? 뭔지 궁금하구먼."

"제가 구성원들의 '긍정적 의도'를 알기 위해 노력하겠다고 했잖아요."

"응. 그랬지."

"예전 같으면 제 마음에 안 드는 결과를 보고받으면 화부터 났거든요. 그 순간 분위기는 딱딱해지고 저는 혼내고 구성원은 혼나고, 그러면서 서로 기분이 상한 상태로 끝나곤 했어요. 그런데 '저 친구가 결과를 내기까지 어떤 의도를 갖고 일했을까?'를 생각하니까 그 결과의 도출 이유를 물어보게 되는 거예요. 이게 놀라웠어요. 그다음부터는 얘기가 술술 풀렸어요. 결과가 나온 과정에 대해 제가 관심을 가지니까 구성원은 자기의 의도를 차분히 이야기하게 되고, 그걸 듣다 보면 저도 제 생각을 바꾸게 되더라고요."

"아주 중요한 걸 발견했네."

"네. 그렇게 하니까 분위기도 좋아지고, 결론도 더 나은 걸 함께 찾아내게 되더라고요. '이렇게 신뢰를 쌓아가는구나.' 하는 생각이 들었다니까요."

"축하하네. 피드백 코칭 공부에 제대로 입문했구먼. 훌륭한 출발이야."

"감사합니다. 짜릿한 경험이었어요. 거울을 보는 것도 조금은 달라졌어요. 지난번에 제가 제 안을 들여다보는 걸 거부하는 게 제 존재를 보기 시작한 거라고 하셨잖아요. 내가 내 존재를 자세히 보는 걸 거부하지 않고 들여다보면 내가 좀 더 가벼워지겠구나 하는 생각이 들었어요. 아직 자세히는 모르겠지만 그래도 거울 앞에 설 때마다 제 안이 조금씩 열리고 있다는 생각이 들었어요."

내면의 공간은 수용의 공간이다

"역시 자네는 기대 이상으로 빠르게 성장하고 있어. 고맙네. 자, 오늘부터는 피드백 코칭 역량을 하나씩 익힐 거야. 이 과정을 거치고 나면 자네 말처럼 '훌륭한 리더로 거듭나게' 될 거야. 피드백을 잘하려면 가장 먼저 무엇을 잘해야 할까?"

"전달해야 할 내용을 사전에 준비해서 잘 전달해야죠."

"잘 전달하는 것보다 선행되어야 할 게 있을 것 같은데?"

"글쎄요. …… 뭔가요?"

"내가 하고 싶은 말을 전달하는 것보다 상대의 얘기를 잘 듣는 게 먼저야."

"아~! 알겠어요. 일단 잘 듣고, 그다음은요?"

"자네는 잘 듣는 편인가? 나는 코칭 공부하면서 듣는 훈련이 가장 어려웠거든."

"듣기가 훈련이 필요할 만큼 어렵다고요?"

"그렇다네. 그만큼 중요하다는 얘기이기도 하고. 오늘은 경청에 대해 집중적으로 공부할 거야."

"듣기가 왜 중요한지 아직 감이 안 와요."

"그럴 거야. 잘 들으려면 먼저 마음의 상태를 갖춰야 해. 자네 여기서 구성원들 미팅을 많이 하지? 자네가 부정적 감정을 가지고 있는 구성원이 들어왔는데 보자마자 피드백을 전달하면 어떻게 되던가?"

"그 순간부터 분위기가 얼어붙지요. 제 얼굴에 그 구성원을 못마땅해한다는 게 쓰여 있을 테니까요. 어떻게 하면 숨길 수 있을까요?"

"마음을 어떻게 숨기겠나? 더구나 자네 같이 다 드러나는 사람은 더 힘들지. 이럴 때 '클리어링'이라는 걸 하면 도움이 될 거야."

"클리어링이요? 뭘 청소한다는 건가요?"

"내면의 부정적 감정을 청소하는 거야. 감정을 털어내는 거지."

"그게 어떻게 가능한가요?"

"여러 방법이 있어. 피드백하려는 나를 바라보면서 어떤 마음의 상태인지 느끼며 호흡을 길게 여러 번 할 수도 있고, 체조를 할 수도 있고, 상대방에 대한 좋았던 기억을 떠올리거나, 잠시 다른 곳을 바라보는 것도 방법이지."

"흐음~, 저 솔직하게 얘기해도 되죠?"

"그게 자네 장점 아닌가?"

"솔직히 그게 얼마나 효과가 있을까 싶어요. 그렇게 하면 좀 더 차분하고 담백하게 얘기를 진행할 수 있겠지만 정말 제 마음이 불편한 경우에는 그게 효과가 있을지 모르겠어요."

"그렇게 생각할 수 있지. 하지만 불편한 관계일수록 클리어링이 더 필요해. 클리어링을 한다는 건 내 안에 그 사람과 얘기할 수 있는 내면의 공간(space)을 만든다는 거야."

"내면의 공간을 만든다고요? 알 듯 말 듯 합니다."

"공간을 만든다는 표현이 어려우면 문제와 좀 떨어진다고 보면 어떤가?"

"음~, 문제와 떨어지면 공간이 생기겠네요. 두 사람 사이의 공간이 생긴다는 게 뭔가 화합과 시너지를 만들 가능성을 갖게 된다는 말로도 들려요. 공간이라는 말이 쉬운 표현이지만 꽤 심오하게 느껴지는 걸요."

"자네가 공간의 중요성을 잘 이해하게 된 것 같아 기쁘네. 내가 코칭에서 매우 중요하게 생각하는 개념이거든."

"완전히는 아니지만 어느 정도 이해는 됐어요. 그래도 현실적으로 구성원이 못마땅하고 화가 나 있는 상태에서 호흡을 크게 하거나 잠시 시간을 갖는다고 공간이 생길지는 여전히 의문이 들어요."

"자, 그럴 때 이걸 떠올리면 어떨까?"

"어떻게 하면 저 구성원과 함께 성장하면서 성과를 올릴 수 있을까?"

"아, 찔리네요. 함께 성장하면서 성과를 내는 리더가 되겠다고 해놓고 그새 놓치고 있었네요."

"이럴 때 피드백하는 자신의 모습을 바라보는 것도 크게 도움이 될 거야."

"피드백하는 저를 바라보라니요? 그게 말이 되는 얘기인가요?"

"하하, 이걸 전문용어로 '메타인지'라고 해. 인지를 초월한 인지라는 뜻으로, 우리는 언제든 자신을 바라볼 수 있는 인지 능력이 있다는 거야. 내 생각이나 판단에 대해서도 객관적으로 바라볼 수 있는 능력을 갖추고 있지."

"너무 어려운데요."

"좋아. 그러면 이 방에서 구성원에게 피드백하던 장면을 한번 떠올려 보게. 그리고 그 장면을 자네가 조금 떨어져서 지켜본다고 상상해 보게. 이 방 위에서 내려다보고 있다고 상상해 봐."

"으음……, 제가 면담하던 장면을 떨어져서 보라는 말씀이시죠?"

"그렇지. 어떤 장면이 보이나?"

"세상에~! 원하는 답변이 나올 때까지 제가 떠들고 있네요."

"솔직하게 얘기해 줘서 고맙네. 그래, 어떤 생각이 드나?"

"메타인지가 어떤 건지 조금은 알겠어요. 어쨌든 한 발 떨어지면 코치님이 말한 공간이 생긴다는 거잖아요."

"맞아. 공간이 생기면 처음에는 긴장 관계에서 만나지만 점차 창조적 변화를 만들어 내게 되지."

"듣기 전에 공간을 만들어야 한다는 걸 이제 이해했어요. 코치님이 오늘 여기로 오신 이유가 있는 거죠? 제가 이 회의실에서 구성원들과 미팅할 때 공간을 떠올리도록 하기 위해서 자주 쓰는 회의실을 잡아달라고 하신 거군요?"

"하하하. 소소한 배려를 했는데, 눈치챘구먼."

"이렇게 세심한 배려까지 하시는 분인 줄 몰랐어요. 감사합니다."

경청은 마음을 주는 것이다

―――――

"자, 이제 공간을 만들었으니 본격적으로 듣기에 대해 얘기해 볼까? 자네는 구성원들의 말을 잘 듣는 편인가?"

"솔직히 잘 듣는 게 뭔지 잘 모르겠어요. 듣는다는 것에 대해 고민해 본 적이 없으니까요. 저는 구성원이 하는 얘기의 핵심을 파악하면 된다고 생각하며 듣거든요. 바쁜데 다 들을 수는 없잖아요."

"그러면 자네의 듣기 수준을 한 번 체크해 볼까? 이 표에 솔직하게 점수를 써 넣어 보게나."

강 팀장은 박 코치가 준 경청 체크리스트에 최대한 솔직하게 점수를 매겼다.

"아아~, 코치님, 이 체크리스트 너무 잔인한 거 아닌가요? 어떻게 제가 잘 못하는 것만 쏙쏙 뽑아서 만든 거죠?"

"하하하. 많은 리더가 자네와 비슷한 반응을 보여. 경청이 중요하지만 실제로 경청을 잘하기가 그렇게 어렵다는 거야. 오죽하면 미래에는 '경청자'라는 직업이 생길지도 모른다고 하겠나?"

"경청하는 게 왜 이렇게 어려운 걸까요?"

"자기중심적 에고로 듣기 때문이야."

"한마디로 내 중심으로 듣는다는 거죠? 그러니까 에고를 내려놓고 듣기 위해서는 훈련이 필요하다는 거잖아요. 어서 그 훈련으로

경청지수 체크리스트

1점-전혀 그렇지 않다   5점-매우 그렇다

항목	점수 (1~5)
1. 나는 상대가 말하는 중에 나와 다른 얘기를 하더라도 끼어들지 않는다.	
2. 나는 상대가 말할 때 상대방의 표정과 눈빛 등 비언어적 표현을 중시한다.	
3. 나는 상대방의 말을 듣고 상대의 인격 수준을 내 나름대로 평가하지 않는다.	
4. 나는 상대의 이야기를 지레짐작으로 듣지 않고 끝까지 듣는다.	
5. 나는 상대의 감정 표현을 매우 중요시 한다.	
6. 나는 상대의 말을 들으면서 내가 할 질문을 생각하지 않는다.	
7. 나는 상대의 문제를 나서서 해결해 주거나 설득하려 하지 않는다.	
8. 나의 생각과 다른 것에 대해 충고, 제안부터 하지 않는다.	
9. 나는 내가 들으면서 반응하는 나의 태도와 사용하는 언어(비난, 질책, 인신공격 등)를 가끔씩 돌아본다.	
10. 나는 상대 얘기에 대해 더 알고 싶거나 불명확한 점이 있으면 질문으로 관심을 표한다.	
11. 나는 상대방 얘기를 들으면서 필요한 추임새를 넣고 맞장구를 쳐준다.	
12. 나는 상대방이 얘기할 때 결론만 먼저 얘기하라고 강요하지 않는다.	

들어가요."

"그러자고. 자, 이 표를 보게나. 자네는 어느 수준인가?"

피드백에서 경청의 수준

구분	들어주는 사람	말하는 사람
수준 1 태도 듣기	미소 짓고, 눈 맞추고, 몸을 앞으로 약간 수그리고, 듣는 도중 고개를 끄떡여 줌	"이 사람은 내 말을 듣고자 하는구나."
수준 2 공감 듣기	상대방이 말하는 내용과 감정을 읽어 주기, 맞장구쳐 주기 등	"이 사람은 내가 말하는 것과 처한 상황에 대한 감정을 이해하고 공감해 주는구나."
수준 3 맥락과 의도 듣기	상대가 표현하는 언어·비언어적 단서, 은유, 감정을 상황에 비추어 맥락과 의도를 이해하는 것	"이 사람은 내가 정말로 말하고자 하는 것을 이해하고 있구나."

경청 수준은 내 수행의 수준이다

"아까 점수를 보고 뭘 더 확인하려 하십니까? 보나마나 가장 낮은 수준도 안 되겠지요."

"그런가? 그래도 자세히 보게나."

"음……, 수준 1은 태도 듣기인데, 눈을 맞추고 고개를 끄덕여 주는 거죠. 저렇게 하면 오히려 어색할 것 같아요."

"그런가? 자네 딸이 와서 얘기하면 어떤 자세가 되나?"

"그야……, 딸을 향해 몸이 기울어지고 예쁜 눈을 보지요……. 으음~, 구성원도 그런 마음으로 보라는 거군요? 아무리 그래도 구성원들한테 미소 짓고 고개 끄덕이는 건 이상해요."

"하하. 꼭 그 동작을 하라는 건 아니야. 상대가 내 말을 듣고 있다는 마음이 들도록 그 순간만큼은 상대에게 집중하라는 거지. 그러다 보면 자네에게 맞는 몸짓이 나올 걸세."

"음~, 생각해 보니 구성원들이 말할 때 온전히 집중한 적이 없었어요. 수준 1은 온전한 집중을 말하는 거였네요. 이제 이해했어요. 제가 아직 수준 1이 안 되는 것도 확인했고요."

"몇 달 뒤에는 분명 달라질 걸세."

"코치님이 하도 제가 달라질 거라고 장담하시니까 믿죠, 뭐. 수준 2인 공감 듣기는 어떻게 하는 건가요?"

"자, 자네 구성원이 이렇게 얘기하면 자네는 뭐라고 할 건가?"

"지난번 프로젝트가 내키지 않아서 매우 힘들었어요. 일도 잘 안 풀려서 왜 이 일을 맡았나 하는 자책감도 생겼고요."

"일단 이런 말을 들으면 솔직히 짜증부터 나지요. 회사 일은 내키는 것만 하는 게 아니잖아요?"

"그러면 바로 짜증을 낼 건가?"

"아니죠. 그래도 피드백 코칭을 공부하고 있으니까…… 정말 최선을 다해 마음을 가라앉히고 말을 한다면…… 이렇게 했을 것 같아요."

"처음에는 다 그런 거야. 모두 그렇게 힘든 경험을 통해 성장했어. 나 같으면 이렇게 했을 거야. 힘들었던 원인은 뭐야?"

"이 정도면 정말 많이 참으면서 얘기한 거예요. 괜찮았나요?"

"합당한 내용으로 보일 수 있어. 하지만 상대는 자신이 이해받고 있다는 생각을 할까?"

"음……, 이해받는다는 생각을 하지는 않겠지요. 그렇게까지 해야 하나요?"

"이해받는다고 생각하지 않는데 상대가 마음을 열까?"

"마음을 열고 대화를 하게 되지는 않겠네요. 그럼 어떻게 해야 하나요?"

"상대가 말하는 내용과 감정을 공감해 줘야 해."

"자, 한번 소리 내서 읽어 보게나."

"마음이 내키지 않는 새로운 프로젝트 때문에(수용해 주는 내용) 그렇게 힘들었던 모양이네(감정). 왜 이 일을 맡았나(내용) 하는 자책감(감정)도 생기고."

"아~, 상대가 말하는 내용과 감정을 읽어 주라는 거네요?"

"맞아. 이럴 때 '맞장구치기'를 같이 해 주면 더욱 좋겠지?"

"맞장구치기요?"

"응. 국악에서 창을 할 때 고수가 '얼씨구' '그렇지' 맞장구치는 것처럼 대화에서도 단순한 맞장구만 잘 쳐도 신나게 풀리는 경우가 많거든. 한번 따라해 보게나."

"그렇게 힘든 일이 있었구나. 그랬어?"

"아, 그랬구나. 자책감까지 들 정도로 힘들었구나."

"그래서 힘들었겠다. (화도 났겠다. 섭섭했겠다. 원망스러웠겠다 등)"

"하하. 따라 읽기만 해도 너무 어색해요. 대화할 때 진짜로 이렇게 말해야 한다고요?"

"아까 수준 1의 태도 듣기와 마찬가지로 말투나 표현 방법은 자네 방식으로 하면 돼. 중요한 건 상대가 말하는 내용과 감정을 자네가 듣고 있는지 확인하는 과정이 필요하다는 거야. 처음에는 낯설고 어색한데 훈련을 하다 보면 어느 순간 자연스럽게 몸에 배는 날이 올 거야."

"네. 생각해 보니까 회사 옥상에서 코치님을 처음 만났을 때 제가 주절주절 상황을 털어놓았잖아요. 그때 코치님이 그렇게 제 얘기에 온전히 집중하고 반응해 주셨던 것 같아요. 그게 바로 수준 1, 2 경청을 하신 거였군요?"

"좋은 사례를 꺼냈네. 그때 얘기하는 자네의 느낌은 어땠나?"

"편안하고 시원했어요."

"편안하고 시원했던 느낌을 조금만 더 자세히 말해 주겠나?"

"어떤 얘기를 해도 다 이해해 주실 것 같았고, 그렇게 다 얘기하고 나니까 답답했던 마음이 풀리면서 가슴이 시원해졌어요."

"이제 왜 경청을 해야 하는지 자네도 알게 된 것 같은데 안 그런가?"

"맞아요. 코치님처럼 경청하는 리더가 되면 구성원들이 저를 마음으로 믿고 따라 줄 것 같아요. 수준 3은 뭔가요? 저도 코치님처럼 되도록 훈련해 볼게요."

"하하. 좋아. 수준 3은 이 그림을 보면서 얘기하지."

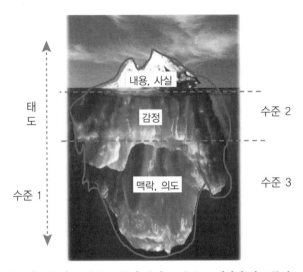

내용, 사실

태
도

감정

수준 1

맥락, 의도

수준 2

수준 3

• 수준 1-태도 듣기   • 수준 2-공감 듣기   • 수준 3-맥락과 의도 듣기

경청의 3단계 수준[2)]

"음……, 맨 아래에 있는 의도를 듣는 게 수준 3이군요? 저 깊숙한 곳에 있는 걸 어떻게 들을 수 있나요?"

"수준 3이 되기 위해서는 수준 1과 수준 2의 기법도 당연히 활용해야 하고, 거기에 더해 명료화하기가 도움이 될 거야."

"명료화하기요?"

"응. 이걸 보게나."

• "지금까지 _____ 얘기를 했는데 내가 제대로 이해했나요?"

2) 박창규(2017).

- "더 자세히 말해 주겠습니까?"

- "당신이 내게 전하고자 것이 잘 잡히지 않아서 그런데 정말 원
  하는 것은 무엇인가요?"

"아, 이런 질문을 하면 대화 내용을 분명하게 할 수 있겠네요. 이
건 오히려 더 쉽게 느껴지는걸요. 조금만 더 관심을 가지면 질문을
더 파고 들어가면서 할 수 있을 것 같아요."

"그렇지. 상대에 대한 관심에서 출발하는 거야. 자, 오늘 경청에
대한 얘기를 해 봤는데 어땠나?"

"오늘도 마찬가지예요. 듣는 게 어떤 건지 이제까지 모르고 살았
다는 생각이 들었어요. 잘 듣기만 해도 관계가 풀릴 것 같고요. 집
에서 아내와 아이를 앉혀 놓고 연습해 봐야겠어요. 요즘 코치님과
나누는 얘기를 집에 가서 많이 하거든요. 덕분에 저희 부부 대화가
많아지고 있답니다."

"그거 참 반가운 얘기네. 다음 만날 때까지 어떤 걸 해 보겠나?"

"구성원들과 대화할 때 수준 1부터 수준 3까지 경청을 시도해 볼
게요. 훈련을 하다 보면 자연스럽게 몸에 배는 날이 온다고 하셨잖
아요. 아, 대화를 하기 전에 공간도 만들어 보고요."

"좋은 생각이야. 어떤 변화를 경험할지 기대되네."

"저도 궁금합니다. 2주 뒤 금요일에 뵐게요."

강 팀장의 피드백 성찰 **Note**

오늘의 느낌

- 내 경청점수가 이렇게 바닥일 줄 몰랐다. 우리 구성원들이 힘들었겠다. '말'과 '내용'만 듣고 '사람'은 듣지 않았기 때문이다.
- 회의실에 들어갈 때마다 회의실 위에서 그 장면을 바라보는 나를 떠올려야겠다.
- 경청을 배우고 나니 듣는 것만 잘해도 문제의 절반 이상이 풀릴 것 같다.

기억할 내용

- 먼저 마음을 얻어야 피드백이 가능하다.
- 경청을 잘하려면 마음이 먼저 '클리어링'이 되어 있어야겠다.
- 경청하기 전에 내면의 공간부터 만들라. 감정에 쏠리지 않고 진실에 더 다가갈 수 있다.
- 경청의 3단계 수준을 기억하자. 수준 1 태도 듣기(관심 주기), 수준 2 공감 듣기(공감적 경청), 수준 3 맥락과 의도 듣기, 3단계에 도전한다.

상대의 말보다 상대를 들으라

1. 경청의 공간 만들기

화가 나는 등의 부정적 정서를 가지고 있는 상황에서 상대를 보자마 자 피드백을 전달하는 것은 자칫 남아 있는 편견과 감정을 표출하기 쉽 다. 그러므로 상대방에 대한 부정적 정서를 먼저 털어내는 클리어링 (clearing)이 필요하다. 피드백을 시작하기 전에 호흡을 길게 한 번 할 수 도 있고, 체조를 할 수도 있고, 좋아하는 음악을 듣고 시를 읽을 수도 있 다. 만나기 전에 내가 피드백에서 기대하는 것은 무엇인가를 정리하고 글로 써 보는 것도 방법이다. 바로 피드백에 들어가지 말고 컨디션이나 근황을 물어본다든가 가족의 안부를 묻는 방법도 있다.

2. 경청으로 사람 마음 얻기

경청은 예나 지금이나 리더가 갖춰야 할 필수 능력 중 하나이며 인간 생활의 가장 핵심 요소다. 한국리서치가 2015년 시민 1006명을 조사했 더니 '소통을 잘 못한다.'는 응답자가 40%나 됐다. '소통을 잘한다.'는 8% 에 그쳤다. 소통을 잘 못하는 이유로는 '경청하지 못해서'(75%, 복수응 답)가 가장 많았다.

우리는 늘 누구의 말을 듣고 산다. 그런데도 상대방은 자기의 말을 잘 안 들어준다고 한다. 그래서 영어로 '경청한다'라고 할 때 'I listen to your word(당신의 말을 듣는다).'라고 하지 않고 'I listen to you(당신을 듣는 다).'라고 한다. 상대방의 말을 듣는 게 아니라 사람을 들어주어야 한다 는 것이다. 즉, '나'를 들어주었다고 느끼도록 경청해야 한다. 많은 사람 이 상대방의 말을 듣고 이해했다고 하지만 상대방은 실은 진정으로 이해 받지 못하고 있다고 생각한다.

3. 경청의 수준 3단계

1) 수준 1: 태도 듣기

말하는 사람은 먼저 상대가 말하고 있는 나에게 관심을 가지고 있는지 여부의 태도가 중요하다. 특히 피드백 과정에서는 불편한 감정이 일어날 가능성이 많기 때문에 피드백을 주는 입장에서는 피드백을 받는 사람에게 관심을 집중해서 들어주어야 한다. 간단한 예로 눈을 맞추며 듣는 태도 또는 상대방에게 몸을 기울이며 듣는 태도를 통해 상대가 관심을 갖는다고 느낄 때 점점 마음이 열린다. 그렇게 되면 나중에 피드백을 주는 사람이 도전이나 요청을 해도 일단 열린 마음으로 들을 것이다.

2) 수준 2: 공감 듣기

공감적 경청은 '나' 중심적 에고로 반응하지 않고 상대방이 말하는 내용과 감정을 읽어 주고 맞장구쳐 주는 것이다.

3) 수준 3: 맥락과 의도 듣기

이 수준에서는 말하는 사람이 '내가 말하는 흐름(내용, 감정, 의도)을 이해하고 있구나.'를 느끼게 하는 것이다. 그렇게 하기 위해서는 상대가 표현하는 언어 · 비언어적 단서, 은유, 감정을 상황에 비추어 맥락과 의도를 이해하는 것이 중요하다.

내 메시지를 전달하고
아이디어를 확장하는 대화법

"신기하네요. '나 전달법'이 무서운
중딩과도 차분하게 대화를 하게
만드는군요."
"맞아. 대화법만 살짝 바꿔도
관계가 달라질 수 있는 거야."

오늘의 약속 장소는 다시 박 코치 사무실이다. 문을 열고 들어서자 박 코치가 활짝 웃으며 묻는다.

　"그래, 어떻게 지냈나? 경청 연습 좀 했나?"

　"말도 마세요. 아이한테 한 소리 들었어요. 며칠 전에 유치원에서 친구랑 싸운 얘기를 하기에 공감적 경청을 해 볼 기회다 싶어 아이한테 몸을 기울이고는 눈을 보고 미소 지으면서, "우리 세윤이, 그랬구나, 속상했겠구나." 했지요. 그런데 아이가 엄마한테 달려가더니 '엄마, 아빠가 이상해요.' 그러는 거예요."

　"하하하. 아빠가 평소 모습하고 너무 달라 보였구먼. 처음이라서 말하는 것도 어색했을 거고. 자연스럽게 몸에 익을 때까지 시간이 좀 걸릴 거야. 나도 한참 어색했어. 그래, 구성원들하고는 어땠나?"

　"당연히 공감을 해 주는 말을 하는 건 아직 어색해요. 그래도 수준 1인 '관심 주는 태도'를 갖추려고 노력했더니 많이 달라지고 있어요. 구성원들이 말할 때 집중해서 다 들으려고 노력해요. 예전에는 제가 듣고 싶은 핵심만 들었다고 했잖아요. 수준 2인 공감 듣기는 아직 말로 표현은 잘 못하지만 잘 듣다 보니까 마음으로 더 공감이 가는 걸 느끼겠어요. 의도도 더 들리고요."

"수준 1, 수준 2, 수준 3이 이어져 있다는 걸 경험했구먼."

"네. 맞아요. 특히 지난번에 우리가 만난 회의실에서 구성원들과 얘기하다 보면 코치님이 말씀하신 내면의 공간을 자꾸 떠올리게 되더라고요. 공간을 떠올리면 의도를 듣는 게 확실히 더 잘 되었어요."

"좋았어. 그렇게 꾸준히 노력하다 보면 어느 순간 자네가 그런 사람이 되어 있을 거야. 거울 보기는 어땠나?"

"지난번에 5분씩이라도 아무것도 하지 말고 쉬라고 하셨잖아요. 그게 무슨 효과가 있을까 싶었거든요. 그런데 거울을 보는데 문득 '이 잠깐의 시간이 온전히 나한테 집중하는 시간이구나.' 하는 생각이 들면서 코치님이 말한 5분이 이런 시간을 말한 거였다는 걸 알게 됐어요."

"핵심을 제대로 짚었네."

"재미있는 건 그런 생각이 드니까 중얼중얼 저와 얘기를 하게 되더라니까요. '아빠로, 남편으로, 팀장으로 정말 숨도 안 쉬고 살았구나. 힘들었지?' 이런 말이 나오더라니까요."

"정말 잘하고 있어. 다음에 또 어떤 얘기를 할지 궁금하구먼."

상대를 비난하지 말고 나를 표현하라(I-Message)

"자, 그럼 이제 새로운 세계로 가 볼까? 지난번에 경청의 세계를 접수했으니, 이제 표현 방법으로 가 보자고. '너 전달법(You-Message)'과 '나 전달법(I-Message)'에 대해 들어본 적 있나? 이게 너 전달법이야."

"너 전달법은 그러니까 '너'를 주어로 하는 표현인가 봐요."

"맞아. 이런 얘기를 들으면 어떤 기분이 들까?"

'너 전달법'(상대가 주어로 표현된 메시지) 사례

- "김 대리, 그 생각 좀 고쳐. 틀려먹었어!"
- "자네가 하는 일은 왜 매번 이렇게 늦나?"
- "또 계산 착오가 생겼다고? 자네는 실수가 너무 많군."
- "자네, 회사의 구성원 맞아? 이게 구성원이 갖춰야 할 태도야?"

"저도 자주 쓰는 말인데, 이런 말 들으면 자신의 존재를 깎아내린다는 기분이 들겠어요."

"그렇지. 자네가 최근 사용한 너 전달법 하나를 떠올려 보게."

"음……, 조금 전 최 차장에게 했던 말이 너 전달법이었네요."

"뭐라고 했는지 여기에 입력해 보겠나?"

"최 차장, 그렇게 거래업체한테 '갑' 행세를 해도 되나요? 그러다가 업체 다 떨어져 나가는 거 아닙니까?"

"자주 쓰는 말이어서 깨닫지 못했는데, 최 차장이 뒤돌아서서 제 욕을 엄청나게 했겠는데요. 그러고 보면 제가 평소에 쓰는 말이 '너 전달법'이었네요. 그런데 다른 리더들도 마찬가지 아닌가요?"

"맞아. 대부분 그렇게 말하면서 전혀 문제라고 생각하지 않지. 자, 이 화면을 봐봐. 부모가 '너 전달법'으로 말했을 때 자녀들에게 미치는 영향이야."

- 자녀들은 자신이 부모로부터 이해받지 못한다고 느끼기 때문에 더 이상 말을 하지 않게 된다.
- 자녀들은 자신이 무능하고 열등하다고 느껴 방어적이 된다.
- 자녀들을 분노하게 하고, 절망하고 의지가 꺾이게 만든다.

"이건 회사에서 구성원들에게 그대로 대입해도 같은 상황이겠어요. 생각해 보니까 예전에 리더들에게 이런 말을 들으면 일을 열심히 하다가도 하기 싫어지고, 심하면 회사를 그만두고 싶었는데 저도 똑같이 하고 있었네요."

"예전에는 리더의 그런 표현이 크게 문제가 되지 않기도 했지.

그 시대는 경제가 빠르게 성장하고 있었고, 창의적인 아이디어보다는 일을 빠르고 정확하게 처리하는 게 더 중요했으니까. 하지만 이제는 창의성이 없으면 기업이 생존하기 힘든 시대가 되었잖나? 그래서 새로운 방식이 필요한 거지."

"그러면 어떻게 바뀌야 하나요? 아까 '나 전달법'을 아냐고 하셨는데, 그건 어떻게 하는 건가요?"

"'나 전달법'은 임상심리학적인 토머스 고든(Thomas Gordon)이 창시한 대화기법인데, 효과가 매우 놀라워. 말 그대로 나를 주어로 표현하는 거야. 일어난 사실이나 상대방의 행동에 대한 내 느낌과 그것이 나에게 미치는 영향에 대해 표현하는 화법이야."

"내 느낌과 그것이 나에게 미치는 영향을 표현한다고요? 어떻게 하는 건데요?"

"자, 이 문장을 보게나. 이건 어떤 화법으로 말을 한 건가?"

"너 왜 또 이 모양이니? 이게 산수지, 수학이니?"

"'너'로 시작했으니까 '너 전달법'이네요."

"맞아. 그럼 이걸 '나 전달법'으로 바꿔 보자고. 내 느낌과 나에게 미치는 영향을 표현한다고 했잖아. 엄마가 아이한테 이 말을 할 때 엄마는 어떤 생각이었을까?"

"아이가 간단한 계산 문제를 틀리고 있어서 안타까웠겠네요."

"맞아. 바로 그거야. 그걸 이렇게 표현해 보면 어떨까?"

"엄마가 안타깝다. 쉬운 계산 문제를 자주 틀리니까. 엄마가 어떻게 도와줄까?"

"신기하네요. 이 대화법도 경청처럼 훈련이 필요하겠죠?"

"응. 맞아. 그런 의미에서 실습 한번 해 보자고."

박 코치는 모니터에 문장을 하나씩 띄우고는 빈 칸을 채워 보라며 강 팀장한테 눈짓을 한다.

1. "최 차장, 그렇게 거래업체들에게 '갑' 행세를 해도 되나요?"

→ _____

2. "자네, 그동안 뭘 한 건가?"

→ _____

3. "회의 시간에 말이 많군요. 조용히 좀 하세요."

→ _____

"허어~. 코치님 귀신이십니다. 다 제가 자주 쓰는 말이네요. 문제가 없다고 생각하고 써 왔는데 바꿔야 한다니 참 난감하네요."

"나를 주어로 해서 상대방의 행동에 대한 내 느낌이나 생각을 표현하면 돼. 1번은 자네가 최 차장 행동이 염려스러웠다는 거잖아. 그걸 표현해 봐."

"으음……, 난 거래업체들이 부당한 대우를 받는다고 할까 봐 염려스럽네요. 이러면 되나요?"

"맞아. 앞 사례를 다시 정리해서 바꿔 보면 어떻게 될까? 저 칸들을 채워 봐."

'너 전달법'을 '나 전달법'으로 전환하기

1. "최 차장, 그렇게 거래업체들에게 '갑' 행세를 해도 되나요?"

→ "난 거래업체들이 그 말을 들으면 부당한 대우를 받는다고 할까 봐 염려스럽네요."

2. "자네, 그동안 뭘 한 건가?"

→ "나는 자네가 시간 안에 일을 마칠 거라고 기대했네. 실망스럽네."

3. "회의 시간에 말이 많군. 조용히 좀 하지."

→ "회의 중에 옆 사람과 얘기하는 걸 들으니 내가 존중받지 못한 느낌이 드네. 회의 진행도 방해가 되고. 자제해 주면 좋겠네."

"이렇게 하면 되나요?"

"잘했네. 자넨 학습 속도가 정말 빨라."

"하하. 제가 좀 잘하죠? 이렇게 해 보니까 훨씬 부드러우면서도 말하고 싶은 내용은 다 들어가 있네요. 기분 상하지 않고도 행동을 고칠 것 같아요. 코치님하고 연습하니까 잘 되네요."

"재미있는 사례 하나 더 보여 줄게. 코칭을 공부한 선생님이 중1 여학생과 나눈 대화야."[1]

> 학생: 왜 무단 결과예요? 장염 걸려서 똥 싸고 왔는데요?
>
> 담임선생님: 그럼 왜 상담실 갔다고 거짓말했어?
>
> 학생: 창피해서요. 수업을 다 빠진 것도 아닌데 10분 늦었다고 무단
>
> 결과예요? 무단 결과 때문에 저 고등학교 못 가면 책임지실
>
> 거예요?

"어휴~, 아무리 선생님이어도 아이가 저렇게 따지고 들면 당황스럽겠어요."

"맞아. 선생님 심정도 아이가 중1인지 50대 싸움꾼 아줌마인지 모르겠다 싶을 정도였대. 그래도 마음을 가라앉히고 목소리를 낮추어 일부러 천천히 이렇게 말했대."

---

1) 정춘자 교사 · 코치 제공

담임선생님: 화장실 갔다 왔는데 무단 결과라니까 억울한가 보구나.

자. 내 말 한번 들어 봐. 진로 샘이 화가 나서 내게 오셨어. 너

희가 상담실 갔다 왔다고 해서 진로 샘과 같이 상담 샘께 너희

가 상담실에 왔냐고 여쭤봤어. 그런데 너희가 상담실에 오지

않았다고 하셨어. 그 말 들었을 때 내 마음이 어땠을 거 같아?

학생: …….

담임선생님: 실망도 했고 이번이 처음이 아니어서 배신감이 들었어.

그래서 내가 진로 샘께 무단 결과 처리하시라 그랬어.

학생: …….

"'나 전달법'을 사용하셨네요. 어떻게 됐어요?"

"아이의 언성이 낮아지고 갑자기 말투가 공손해져서는 이렇게

말했대."

학생: 선생님 입장은 이해가 되는데요. 그래도 우리가 화장실 갔다

온 것은 사실이니까 무단 결과는 안 잡아야 된다고 생각해요.

담임선생님: 그래? 그럼 내가 어떻게 했으면 좋겠어?

학생: 진로 샘께 사과할게요. 선생님이 무단 결과 잡지 말라고 해

주세요.

"신기하네요. '나 전달법'이 무서운 중딩과도 차분하게 대화를 하게 만드는군요."

"맞아. 대화법만 살짝 바꿔도 관계가 달라질 수 있는 거야. 하지만 아무리 '나 전달법'을 쓴다 하더라도 사람에 대한 신뢰와 이해가 앞서야 한다는 건 기억하지?"

"네. 잘 알고 있어요. 한편으로는 이런 대화법을 배우면서 신뢰를 쌓는 방법을 알아간다는 생각도 들어요."

"중요한 얘기를 했네. 이런 대화법을 배우다 보면 사람을 배려하는 걸 자연스레 익히게 되니까 말이야. 대화법에 대해 하나 더 알아보자고."

상대의 아이디어를 긍정하고, 확장시키라(Yes, And)

"'Yes'와 'And' 기법이라는 건데, 회의 시간에 누군가 자기 의견을 말했던 거 하나만 떠올려 보게나."

"음……, 오늘 오기 전에 마케팅파트 이 과장이 뻔한 얘기를 하는 거예요."

"기존 고객 대상 마케팅보다 새로운 시장을 개척해야 합니다."

"자네는 뭐라고 말했나?"

"솔직히 예전 같으면 이렇게 말했을 거예요."

"그거 모르는 사람 어디 있나? 내가 늘 강조하던 얘기잖아. 그래서 어떻게 하자는 건데?"

"이런 생각을 속으로만 했다는 거네? 그래서 뭐라고 말했나?"

"코치님과 공부하다 보니 이렇게 말하면 안 된다는 것까지는 알겠는데 어떻게 해야 하는지는 잘 모르겠더라고요. 그래서 대충 이렇게 얼버무렸어요."

"그래. 나도 같은 생각이야."

"하하. 그래도 상당히 발전했네. 감정적으로 나가려던 말을 내려놓을 줄도 알고."

"이럴 때 어떻게 표현해야 하나요?"

"'Yes, And'를 염두에 두고 이렇게 표현하면 어떨까?"

"기존 고객 대상 마케팅보다 새로운 시장을 개척해야 한다는 것 좋은 아이디어네. 그러려면 어떻게 해야 할까?"

"이 과장의 말을 인정해 주면서 아이디어를 묻는 거야. 또 다른 Yes를 사용해서 자네의 아이디어를 보탤 수도 있지."

"좋은 생각이야. 자네의 생각에 내 생각을 보태면 기존 고객 마케팅 영역과 신시장 개척의 매출 목표를 새롭게 조정해 보면 어떨까 하네. 자네 생각은 어떤가?"

"그렇네요. 괜히 성질만 냈을 대화가 이 과장의 아이디어를 듣고, 제 아이디어도 보태는 상황으로 바뀌었네요."
"맞아. 'Yes And' 표현의 효과를 정리하면 이렇다네."

• 상대방을 존중하고 상대방의 의견을 일단 수용하고
• 상대방의 말 속에 들어 있는 긍정적 의도와 연결하면서
• 상대방의 아이디어와 내 것을 통합하는 역할을 한다.
• 상대로 하여금 '나를 지지한다, 나를 도와준다, 내 편이다.'라는 느낌을 갖게 한다.

"그런데요, 상대와 내 생각이 다른데도 무조건 'Yes. And'를 해야 하나요?"

시너지를 만들라(Yes, But)

"하하. 그 말이 나오길 기다렸네. 자네 생각과 다른 얘기를 한 경우를 하나 떠올려서 적어 보게."

"오늘 최 차장이 자기 파트에 실적이 부진한 구성원에 대한 얘기를 하면서 이렇게 말했어요."

"저성과자는 바로 인사 조치해야 한다고 생각합니다."

"그렇게 말했을 때 자네는 뭐라고 했나?"

"이렇게 말했는데……."

"그게 말이 됩니까? 그러면 누가 마음 놓고 일하겠습니까? 성과가 꼭 그 사람 탓이 아닐 수도 있잖아요."

"대부분의 리더가 이렇게 말할 거야. 자네의 피드백을 받고 최 차장 기분은 어땠을까?"

"제가 반대한다고 생각하니까 기분이 좋지는 않았겠지요."

"그렇지. 자기 의견이 수용받지 못한다고 생각했을 거야. 우리가 대화를 할 때 누군가 의견을 말하면 이런 말을 가장 많이 사용하지."

- 아니야, 왜냐하면…….
- 그건 아니지, _____인 거지, 안 그래?
- 그래요? 그래서요?

"네. 맞아요. 저도 많이 사용하는 말이에요. 그러면 어떻게 바꿔야 하나요?"

"이 말들은 다 'But'이라고 할 수 있잖아. 상대의 의견을 듣고 난 후 'Yes'를 먼저 하면 훨씬 더 부드럽게 말하면서도 자기가 하고 싶은 말을 충분히 전달할 수 있는데도 말이야."

"'Yes'를 먼저 말한다는 게 어떤 건가요? 상대가 하는 말에 동의하지 않는데 어떻게 'Yes'라고 말할 수 있죠?"

"하하, 좀 어려운가? 이렇게 말하면 어떨 것 같은가?"

(Yes) "저성과자에 대해서 개인적으로는 아쉽지만 과감히 인사 조치해야 한다는 의견을 갖고 있군요. 내가 맞게 이해했습니까?"

"아아. 상대가 말한 걸 그대로 요약해 주고 맞는지 확인하네요?"

"맞아. 이러면 상대의 기분은 어떨 것 같은가?"

"아까와는 반대로 자기 의견을 제가 수용한다는 느낌을 받겠네요."

"맞아, 그게 'Yes'의 힘이야. 이렇게 'Yes'를 먼저 한 다음에 자네 의견을 얘기하는 거야."

(But) "그렇군요. 그렇지만 저는 과감한 인사조치 이전에 그 사람을 육성해 주는 과정을 먼저 거쳐야 한다고 생각합니다."

"이렇게 하면 상대가 방어적이거나 저항하는 게 줄어들 것 같아요."

"맞아. 반대 의견일 때 'Yes, But'의 효과를 정리하면 이렇다네."

- 상대방을 존중하는 마음으로, 상대방의 언어와 감정으로 요약 확인하는 과정에서,
- 상호 이해의 공간을 마련하여 감정적 갈등을 제어하면서,
- 상대방의 의견을 존중하고 나의 다른 관점을 제기하면서,
- 상대방 얘기와 연결하고, 상대방 논리의 부족한 점을 보완해 주면서,
- 두 사람이 만족할 방안을 만들어 가는 과정이다.

"음······, 두 사람이 함께 만족하는 방안을 찾게 해 준다는 말이 와닿아요. '말 한마디로 천 냥 빚을 갚는다.'는 속담이 괜히 있는 게 아니네요. 'But'만 얘기했을 때는 내 의견을 강요하게 되고 상대를 거부하는 느낌이 드는데 'Yes'를 먼저 하고 'But'을 말한다는 건 함께 더 좋은 아이디어를 만들어 내게 된다는 거잖아요."

"그렇지. 이런 대화법이 1 더하기 1을 2가 아닌, 10이나 100으로도 만들어 주는 거지. 자, 오늘 말하기에 대해 공부했는데, 어땠나?"

"아는 것이 힘이구나 하는 생각이 들었어요. 내 생각과 다른 경우에도 서로 윈윈할 수 있는 훌륭한 방법이 있는데 왜 모르고 살았을까요?"

"하하하. 자네가 이 공부를 즐거워하는 게 느껴지는구먼."

"네. 공부를 계속하다 보면 제가 변할 거라는 믿음이 생겨요. 코치님이 제가 바뀔 거라고 여러 번 얘기하실 때마다 솔직히 '공부한다고 사람이 얼마나 변하겠어?'라는 생각도 했거든요."

"나에 대한 믿음이 커졌다는 얘기구먼. 기쁘네. 자, 그럼 다음 만날 때까지 어떤 걸 해 보겠나?"

"'I'와 'Yes' 두 단어를 늘 떠올리며 지내보려고요. 대화할 때 이 두 단어만 떠올리면 오늘 공부한 걸 잊지 않고 적용할 수 있을 것 같거든요. 아! 좋은 생각이 났어요. 스마트폰 바탕화면에 이 두 단어를 깔아야겠어요."

"좋은 생각이야. 2주 후에 자네가 또 얼마나 성장해 있을지 기대되네. 경청 훈련도 계속할 거지?"

"물론입니다. 공감하는 말도 더 자연스럽게 하도록 노력할 거예요."

"좋았어. 기대되는군. 2주 뒤에 보세."

강 **팀장**의 피드백 성찰 **Note**

오늘의 느낌

• 이렇게 서로가 의견이 달라도 시너지를 낼 수 있는 훌륭한 대화 방법이 있는데 난
왜 모르고 살아왔을까?

• 무서운 중딩도 차분하게 만든 '나 전달법'을 꼭 익혀야겠다.

• 경청에 이어 말하는 기법을 배우니까 나도 꽤 괜찮은 리더가 될 거라는 믿음이 더
커졌다.

• 그동안 'But, But'을 써 왔던 걸 반성한다.

기억할 내용

• '너 전달법'은 상대를 좌절하게 만드는 지름길이다.

• '나 전달법'은 하고 싶은 말을 다 하면서도 관계를 부드럽게 만드는 신기한 힘이
있다. 그러나 역시 진정성이 없으면 효과가 떨어진다.

• 상대의 의견에 동의하면 의견을 더해 가는 데는 'Yes, And' 기법을,

• 상대의 의견에 동의하지 않으면 'Yes, But' 기법을 쓰자.

박 코치의 Reference

서로가 윈윈하는 말하기 기법

1. 상대를 비난하는 You-Message, 나를 이해시키는 I-Message

미국 시카고대학교의 심리학자 토머스 고든은 의사소통 형태를 You-Message(너 전달법)와 I-Message(나 전달법)로 구분하였다.

1) '너 전달법 You-Message'(상대가 주어로 표현된 메시지) 기법

'너 전달법'은 잘못된 행동보다 너(You)라고 말해 상대방의 존재를 깎아내리는 화법이다. 부정적 의견을 말하면 듣는 입장에서는 비난과 질책, 꾸중을 받는 느낌이 든다. 사람들은 주먹이 날아오면 피하지만, 판단이나 비난의 말이 자신에게 날아오면 마음의 문을 닫는다. 피드백을 줄 때 이러한 언어 패턴은 말하는 이에 대한 신뢰감을 무너뜨려 상대방으로 하여금 피드백 내용을 수용하지 않거나 오히려 반발하도록 만든다.

2) '나 전달법 I-Message'(내가 주어로 표현된 메시지) 기법

'나 전달법'은 나(I)를 주어로 이미 일어난 사실이나 상대방의 행동에 대한 나의 느낌, 그것들이 나에게 미치는 영향에 대해 표현하는 화법이다. 상대에 대한 위협이나 비난을 드러내지 않으며 갈등이나 논쟁이 벌어지는 상황에서 무익한 말싸움을 예방할 수 있다. 실망이나 분노, 좌절 등의 감정을 표현해야 할 경우에는 나 전달법 형식으로 한다. 나 전달법 형식으로 하면 상대방을 공격하지 않고 내 느낌과 생각, 감정을 표현하기 때문에 상대방을 비난하는 느낌이 현저히 줄어들기 때문이다.

2. And와 But 대화법의 심리적 차이를 인식하자

1) '그렇구나' 하고 자기 의견을 보태 주는 'Yes, And' 기법

피드백을 할 때 기본적으로 상대방을 존중하고 배려하는 마음이 바탕에 깔려 있지 않으면 피드백을 받는 사람이 금방 알아챈다. 일단 내가 먼저 상대방의 의견을 존중하고 수용해 주지 않으면 내가 말하는 피드백이 아무리 좋다 해도 진심으로 받아들이지 않을 것이다. 이러한 환경을 개선하고 상대방이 피드백을 잘 받아들일 수 있는 상황을 만드는 기술이 'Yes, And' 기법이다. 'Yes'라고 말한 후 내 의견이 상대에게 도움이 될 수 있도록 보태 주는 말이 'And'이다."

2) '그렇지만' 하고 다른 의견을 표현하는 'Yes, But' 기법

피드백을 주고받다 보면 상대방의 의견에 동의할 수 없고 반대할 경우가 생긴다. 이렇게 서로 반대되는 생각이나 아이디어가 있을 때, 관계를 해치지 않고 시너지를 낼 수 있는 효과적인 방법이 바로 'Yes, But' 대화이다.

'Yes'와 'But' 사이에는 반드시 이해와 공감의 과정이 필요하다. 즉, 내가 상대의 의견을 반박하기 전에 내가 상대의 의견을 듣고 충분히 이해했다는 느낌을 주고받아야 한다. 이것이 바로 '상호 이해의 공간'이다. 상호 이해의 공간에서 할 일은 상대가 말한 이야기의 핵심(내용, 감정, 욕구 등)을 그대로 반영해 주고 난 다음에 그것이 맞는지 확인하는 것이다.

이해가 잘 안 된 부분이 있으면 솔직하게 물어보고 이해하는 명료화(clarifying) 과정이 필요하다. 즉, 상대방의 의견에 다른 관점을 제시하기 전에 공감 수용의 공간을 마련하여 반대 의견이라도 수용할 준비를 하고 관계를 유지한다. 이러한 대화는 '제3의 대안'에 접근할 가능성을 커지게 한다.

부드러우면서도 강력하게
요청하는 방법을 터득하라

"저는 솔직히 코치님이 알려 주시는
것들이 좋은 애기지만 조직에서 처한
현실적인 문제를 해결하는 데는 한계가 있
지 않을까 하는 생각도 했거든요.
그런데 오늘 요청하기와 메시징하기를 배
우면서 그런 생각이 싹 사라졌어요."

금요일, 강 팀장은 여유 있게 사무실을 출발한 터라 박 코치 사무실에 가는 길에 토스트와 커피를 샀다. 박 코치는 강 팀장의 손에 들려 있는 커피와 토스트를 강 팀장보다 더 반기는 것 같았다.

"이 향긋한 냄새는 뭔가? 달콤하고 고소한 향이 기분 좋구먼."

"코치님. 못 보던 사이에 정말 많이 달라지셨습니다. 음식을 이렇게 음미하면서 드시던 분 아니셨잖아요?"

"하하하. 내가 그랬나? 요즘은 뭐든 음미하는 게 좋더라고. 인생도 사람도 음식도 말이야."

"예전에도 코치님을 존경하고 좋아했지만, 요즘은 더 편안하고 여유 있어 보여요. 사실 저도 코치님 만난 이후에 변하고 있어요. 걷는 것도 좋아하게 되고, 지난주에는 일하다가 창밖도 내다봤다니까요. 심지어 구성원들한테도 하늘 좀 보라고 얘기하기도 했어요."

"반가운 변화구먼. 나는 그걸 눈이 깊어진다고 표현하네. 사람을 보든 자연을 보든 그 내면을 더 응시하게 되지."

"눈이 깊어진다……, 맞네요. 코치님 눈이 예전보다 깊어지셨습니다."

"그래, 오늘 여기 올 때 기분이 어땠나?"

"제 표정에 뭐가 적혀 있나 봐요? 역시 눈이 달라지셨다니까요. 나오기 전에 최 차장 얼굴을 보는데 가슴이 답답하더라고요. 그동안 코치님을 만난 이후 알게 모르게 사무실 분위기가 많이 바뀌긴 했거든요. 하지만 여전히 최 차장과 김 과장하고는 불편해요."

"그 답답함과 불편함은 어떻게 하면 풀리겠나?"

"이제까지 코치님한테 대화법도 배우고 듣는 힘도 더 커지면서 관계가 확실히 부드러워지긴 했어요. 하지만 제가 진짜 하고 싶은 말은 여전히 표현하지 못하고 있거든요."

"그랬구먼. 오늘 '요청하기'를 공부하면 자네 속이 훨씬 시원해질 것 같은데."

"요청하기요?"

"응. 지난번에 하기로 한 숙제 얘기 먼저 잠깐하고 시작할까? 자네 스마트폰 화면 진짜로 바꿨나?"

"당연하지요. 'I'와 'Yes'를 이렇게 디자인까지 해서 깔아놓고 매일 떠올렸다니까요."

"디자인 실력이 제법인걸. 이 바탕화면이 어떤 일을 만들었을지 궁금하구먼."

"나 전달법(I-Message)의 힘을 경험했어요. 김 과장이 보고서를 늦게 작성해 와서 화가 많이 났거든요. 그때 '아니, 아침에 주기로 한 걸 이제 주면 어떻게 합니까?'라는 말이 목구멍까지 올라왔는데, 'I'를 떠올리며 한 템포 숨을 돌렸어요. 그리고 나서 '내일 있을 임원 보고가 우리 사업팀에게 매우 중요한데 보고서가 늦어지니 보고에 지장이 생길까 봐 많이 불안했습니다.' 이렇게 나 전달법을 제대로 썼다니까요."

"진짜 제대로 했네. 그다음에는 어떻게 되었나?"

"여기서 그치지 않고 'Yes'를 떠올리며 이렇게 말했어요. '김 과장 상황은 그랬다는 얘기죠? 그렇지만 내 생각은 이러이러하다고 생각합니다. 다음부터는 일정을 지켜 주기 바랍니다.'"

"호오~! Yes, But까지 사용했네. 요청까지 했고."

"이렇게 하니까 정말 둘 다 감정이 상하지도 않고, 제가 김 과장을 지원해 줄 부분까지 찾게 되더라고요."

"김 과장과 관계도 한결 좋아졌겠네. 축하하네."

"네. 많이 부드러워졌어요. 그리고 지난주에도 거울을 보며 중얼거리는데 문득 주어진 역할을 열심히 하는 게 가장 중요하다고 생각하며 살아왔는데, 이게 내가 원하는 삶일까 하는 생각이 들었어요."

"축하하네. 자신에 대해 고민하는 질문을 하기 시작했구먼. 긍정심리학의 대가인 칙센트미하이(Mihaly Csikszentmihalyi)는 하루에 두세 번 알람을 맞춰 놓고 알람이 울리면 똑같은 질문에 대한 답을 적었어. 그 질문이 바로 '지금 내가 이 일을 하는 이유는 무엇인가?'였어."

"제가 던진 질문과 비슷하네요? 저도 이제 대가의 반열에 오르는 건가요?"

"하하, 물론이지. 스스로에게 질문하기를 계속한다면 당연히 가능하지 않겠나. 스티브 잡스도 '만일 오늘이 내 마지막 날이라면 내가 하고 싶은 일은 뭘까?'를 매일 아침마다 스스로에게 물었어."

"코치님이 제게 거울을 보라고 하신 게 결국 성찰하는 삶을 살도록 훈련시킨 거였네요. 그렇게 엄청난 의미가 있는 일인지 몰랐어요."

"거울을 보는 의미를 스스로 찾아주어서 기쁘고 고맙네. 계속 더 거울과 대화해 보길 바라네."

우주의 선물, 질문으로 자극하라

———

"오늘은 리더가 구성원의 행동이 개선되기를 바랄 때 활용할 수 있는 방법에 대해 공부할 거야."

"호오~, 엄청 기대됩니다. 코치님이 늘 말씀하시듯이 관계가 나빠지지 않으면서도 제가 원하는 걸 얻는 방법이겠지요?"

"그건 기본이지."

"어서 알려 주십시오. 저 자세 바르게 하고 앉았습니다."

"하하. 리더가 자신이 원하는 걸 어떻게 요청할지를 알아보기 전에 필요한 몇 가지 역량이 있어. 그걸 먼저 공부해 보자고. 자네는 질문의 힘에 대해 생각해 본 적 있나?"

"질문이 중요하다는 걸 말씀하시려는 것 같은데, 전혀 생각해 본 적이 없어요."

"언젠가 광화문 사거리에 걸린 현판에 이런 글귀가 있었는데 본 적 있나?"

이 우주가 우리에게 준 두 가지 선물,

사랑하는 힘과 질문하는 능력

– 메리 올리버, 2015

"와우~! 질문이 우주가 준 선물이라고요? 어째서죠?"

"질문은 생각의 공간을 이동시키는 역할을 하거든."

"네? 생각의 공간을 이동시킨다고요?"

"사람들은 질문에 답을 하면서 새로운 공간을 확장하게 돼. 그 확장된 공간 안에는 무한한 가능성의 에너지를 담을 수 있지."

"음……, 너무 거창하고 이해가 잘 안 돼요. 질문이 공간을 이동하고 확장시킨다니요."

"질문의 힘을 보여 주는 사례를 하나 보여 주지. 유능한 코치인 한 CEO가 회사를 그만두겠다는 구성원을 면담하면서 나눈 대화야."[1]

CEO: 자네는 어떤 사람이 되고 싶은가?

구성원: 뭐든지 열심히 일하면서 문제가 생기면 저를 통해야 한다고 인정받는 사람이 되고 싶었습니다. 그렇게 되기 위해 선배, 외부 전문가, 신뢰하는 직원과 소통하고 책도 읽고 인터넷을 통해 묻고 찾으면서 문제를 해결하려는 사람이 되고자 했습니다.

CEO: 아, 그렇게 열심히 했군 그래. 그러면 회사를 그만두겠다는 지금 자네 결정은 어떤 과정을 거쳤는가?

---

1) 최재호 전문코치 제공.

"일반적으로 리더가 잡고 싶은 구성원을 면담할 때 나누는 대화하고는 많이 다르네요."

"뭐가 다르게 보이는가?"

"보통은 왜 그만두는지 묻고, 그걸 해결해 주겠다고 하면서 나가지 말라고 설득하잖아요. 그런데 이 CEO는 전혀 다른 차원에서 접근하는 것 같아요."

"다른 차원의 접근이란 어떤 걸 말하지?"

"회사를 그만두겠다는 상황을 넘어서서 저 구성원의 삶에서 근본적으로 중요한 게 뭔지를 찾게 하는 질문을 던지고 있다는 생각이 들어요."

"호오~, 자네 답변의 수준이 달라지고 있구먼. 그래, 그러면 저 두 번째 질문에 어떻게 답했을 거라고 예상되나?"

"글쎄요……, 저 질문이 날카롭다는 생각은 드는데. 잘 모르겠어요. 뭐라고 했나요?"

"저 질문을 받자 3, 4분간을 말을 못 하고 침묵하더래."

"3, 4분은 굉장히 긴 시간인데요. 뒤통수를 얻어맞은 느낌이었나 보네요."

"그런 거지. 그러더니 이렇게 말했다네."

구성원: 업무와는 달리 저 자신에 해당되는 일은 혼자만 고민하고

결정했습니다.

"자신의 결정을 완전히 새롭게 보게 되었겠네요. 이런 게 질문으로 생각의 공간이 이동했다는 거군요?"

"그렇지. 일을 잘하기 위해서는 여러 사람과 소통하고 책도 읽고 인터넷을 통해 묻고 찾으면서 노력했는데, 막상 자기 일은 누구와도 상의하지 않고 혼자만 고민하고 결정한 것을 스스로 바라보게 된 거지."

"CEO의 다음 질문이 궁금해요."

CEO: 원래 되고 싶은 자신의 모습이 되기 위해 어떻게 해 보겠나?

"아, 이제 자신이 하고 싶은 게 뭔지 제대로 고민하고 선택하게 되었겠네요. 그다음은 어떻게 되었나요?"

"고민 끝에 현장으로 복귀하는 걸 선택했고, CEO에게 감사 편지를 보내왔지."

"우아~! 박수가 나와요. 질문을 하니까 평소에 생각하지 못했던 걸 발견하게 되네요. 질문하는 능력을 왜 우주의 선물이라고 했는지 이제 이해가 되네요."

"바로 그거야. 이건 질문의 힘을 나타내는 그림인데 보게나."

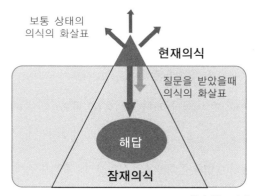

Ref-The Art of Coaching
(에노모토 히데타케)

질문의 힘[2]

"질문을 받으면 자신의 잠재의식 안에 있는 것까지 퍼 올리게 된다는 거네요."

"맞아. 그 속에 문제 해결의 답이 있고 말이야. 지난번에 중1 여학생과 선생님 이야기 기억하지? 그 선생님이 질문으로 아이의 내면을 드러낸 사례가 있어."[3]

담임선생님: 스트레스가 많은 모양이네. 스트레스 받게 하는 건 뭘까?

학생: 재미가 없잖아요. 샘들은 수업도 재미없게 하면서 우리 의견

---

2) 에네모토 히데타케 저, 황소연 역(2004).
3) 정춘자 교사 · 코치 제공.

도 안 들어주고.

담임선생님: 들어준다면 어떤 의견을 내고 싶은데?

학생: 수업시간에 잘하면 뮤비도 좀 틀어 주고, 학생회 규칙도 자유
롭게 다 바꾸고요. 에이~, 말하면 뭐해요? 바뀌는 건 아무것
도 없잖아요.

담임선생님: (학생의 내면을 들여다보고 싶어서) 네 강점은 뭐야?

학생: 없는 거 같아요.

담임선생님: 그럼 고치고 싶은 건?

학생: 화를 못 참는 거요.

담임선생님: 그렇구나. 네 강점을 나는 아는데 네가 없다고 하니까
마음이 아프다.

학생: 뭔데요?

담임선생님: 순발력 있게 말 잘하는 거. 저번 수업시간에 토론 잘
했잖아. 또 있어. 이건 강점이라기보다는 너한테 고마운 건
데 네가 힘도 세고, 말발도 세지만 우리 반 아이들을 괴롭히
지 않는 거 그거 고마워. 선생님들께는 반항하지만 친구들과
는 사이좋게 지내려 노력해서 고맙다. 넌 마음이 따뜻한 것
같아.

"참 따뜻하네요. 아마 보통 선생님들이 다루기 쉽지 않은 학생이었을 것 같은데, 질문을 하니까 학생이 마음을 여네요. 어떻게 하면 저런 질문을 하게 되는 거죠?"

"건명원 원장인 최진석 교수는 자신에게만 있는 궁금증과 호기심이 안에 머물지 못하고 튀어나오는 일, 이게 질문이라고 정의했어. 내 내면에 있는 상대방에 대한 호기심과 관심, 바람을 전달하는 게 질문이라는 거야."

"상대방에 대한 호기심과 궁금증은 애정이 있으면 생기겠네요. 저 선생님이 학생을 사랑하는 게 느껴지거든요."

"맞아. 마음이 가장 중요하지. 질문도 훈련하면 더 잘 쓸 수 있어. 생각을 확장시킬 수 있는 좋은 질문 샘플을 몇 가지 알려줄게."

생각을 확장시키고 관점을 바꾸게 하는 질문

- 자네 꿈은 무엇인가?
- 그것을 위해 지금 집중하고 있는 것은 무엇인가?
- 자네 자신에게 정말 인정·칭찬해 주고 싶은 것은 무엇인가?
- 자네와 똑같은 상황에 처한 친구가 있다면 친구에게 무엇이라고 조언할 것인가?
- 10년 후 자신을 상상해 보고 미래의 내가 현재 나에게 조언한

다면 무엇이라고 말할까?

- 자네가 닮고 싶은 사람이 지금 자네를 본다면 무엇이 보일까?

- 자네는 지금 어떤 길을 걸어가고 있는가?

- 만일 자네가 요술봉을 가지고 있어. 그런데 이제 한 가지밖에 써 먹을 수 없어. 무엇에 그 한 가지를 사용하겠는가?

"이런 질문을 던지면 제가 좀 멋있어 보일 것 같은 걸요. 열심히 연습해 뒀다가 써먹어야겠어요."

"그래, 기회가 될 때마다 입에 익도록 자꾸 써 보는 게 중요해. 안 그러면 좋은 말이구나 그러고는 잊어버리거든. 구성원들에게나 자네 스스로에게 자주 던져 봐. 자네처럼 조직 운영에 어려움을 겪고 있는 친구가 있다면 무어라 조언하겠나?"

"하하, 코치님처럼 이렇게 질문을 던져 보라는 거죠? 음…… 저는 피드백 코칭 공부를 하라고 권하겠어요. 꼭 박 코치님을 찾아서요."

의사결정할 때는 데카르트 질문법을 활용하라

"찰떡 같이 응대를 해 주니 고맙구먼. 보답으로 주고 싶은 특별 선물이 있어. 데카르트[4] 질문법(Descartes Square)이라는 건데, 좀 머리를 써야 해. 괜찮겠나?"

"특별 선물이라니 기대되지만, 데카르트라고 하니까 딱 머리가 아파오네요. '나는 생각한다. 그러므로 나는 존재한다.'라고 한 데카르트 말인 거죠?"

"맞아, 바로 그 데카르트가 제안한 질문법인데, 이 질문법은 우리나라에는 잘 알려져 있지 않아서 좀 낯설 거야. 내가 우리 상황에 맞게 정리해 봤어. 처음에는 어려울 수도 있지만, 익혀 두면 앞으로 의사결정을 할 때 아주 유용하게 활용하게 될 거야."

"힘든 고비 한 번 넘기면 광명이 비친다는 거죠?"

"하하, 막상 해 보면 힘들지 않아. 자네의 의지를 시험해 본 거야. 자, 이렇게 사각형을 그리고 사분면으로 나누어서 각각의 칸에 질문을 쓴 다음 답변하는 거야. 1번부터 시계 방향으로 진행하면 돼."

---

4) 데카르트(René Descartes, 1596~1650). 프랑스의 철학자, 엔지니어, 수학자이자 대수적 기호와 분석 기하학의 창시자.

1. 이 일이 일어나면 뭐가 좋을까?(What happens if this happens?)	2. 이 일이 일어나면 뭐가 나쁠까?(What won't happen if this happens?)
4. 이 일이 일어나지 않으면 뭐가 나쁠까?(What won't happen if this doesn't happen?)	3. 이 일이 일어나지 않으면 뭐가 좋을까?(What happens if this doesn't happen?)

데카르트 질문법(Descartes Square)[5]

"1번 질문은 늘 하던 건데, 2번부터는 잘 하지 않은 질문이네요. 낯설어요."

"그렇지? 자네가 요즘 고민하는 거 하나 꺼내 봐. 같이 해 보자고."

"음……, 제가 일처리를 완벽하게 하려는 성향이 있거든요. 그래서 힘들어요."

"좋아. 출발해 볼까? 1번 질문, 모든 일을 완벽하게 하면 하면 뭐가 좋을까?"

"음……, 성과도 나고 조직에서 신뢰도 얻고, 좋은 점이 많네요."

"그걸 하나씩 적어 봐.

---

5) Descartes Square, Posted by Kevin Mahoney on September 18, 2017.
https://daydreamingbookkeeper.wordpress.com/2017/09/18/descartes-square/

1. 모든 일을 완벽하게 하면 뭐가 좋을까?

• 우리 조직의 성과가 올라갈 것이다.

• 조직에서 신뢰를 더 얻게 될 것이다.

• 미래에 대한 자신감도 생겨날 것이다.

"2번으로 넘어가 볼까? 그렇게 되면 뭐가 나쁠까?"

"이 질문부터는 머리를 좀 써야 할 것 같아요. 제가 완벽하게 하려고 해서 힘들다고 하긴 했는데, 막상 그래서 어떤 게 좋지 않은 점인지 쓰려니까 바로 떠오르지 않아요."

"우리가 자주 해 보지 않은 질문이라서 그래."

2. 모든 일을 완벽하게 하면 뭐가 나쁠까?

• 나에 대해 만족하기 힘들고, 나를 사랑하지 않게 된다.

• 인간관계에서 조화로움과 여유를 갖기 힘들 것이다.

• 불만족스러운 게 많아져 업무 진행이 원활하지 않게 될 것이다.

"적으면서 저도 놀라게 되네요. 제가 '완벽하려고 해서 힘들다.'라고 했던 생각 속에 구체적으로 이런 것들이 들어 있었군요."

"질문을 던지니까 자네 안에 있던 것들이 구체적으로 밖으로 나오는 거지. 그게 바로 질문의 힘이야."

"질문이 제 안의 공간을 침투해 들어온다는 생각이 들었어요."

"하하. 그렇게 표현하니까 질문의 역동적인 힘이 느껴지는군. 다음 질문으로 가 볼까?"

3. 모든 일을 완벽하게 하지 않으면 뭐가 좋을까?

• 나 자신에 대한 허용도가 높아질 것이다.

• 퇴근 시간이 지켜질 것이고 가족과의 시간이 늘어날 것이다.

• 성과는 혼자 만드는 게 아니기 때문에 협력 관계의 중요성을
  인식할 것이다.

"적다 보니 완벽하게 일처리를 하지 않으면 좋은 점도 많네요. 완벽하게 일처리를 하려는 성향 때문에 힘들기는 하지만, 힘들어도 그렇게 하는 게 맞다고만 생각했거든요. 완벽하게 하지 않을 경우 긍정적인 면이 이렇게 많다는 게 놀라워요. 제 삶이 더 평화로워질 것 같은 걸요."

"중요한 걸 또 깨달았구먼. 자네가 성찰하는 힘이 커져서 질문마다 답변을 더 잘 끌어내는 것 같아."

"네. 저도 예전과 달라졌다는 걸 느껴요. 그럼, 마지막 질문에도 답해 볼까요?"

4. 모든 일을 완벽하게 하지 않으면 뭐가 나쁠까?

• 나를 믿는 마음이 줄어들 것이다.

• 성과의 질이 낮아질 것이다.

• 조직에서 장기적으로 신뢰를 얻기 힘들 것이다.

"질문에 답을 다 적고 나니 어떤 생각이 드는가?"

"제 속을 훤히 들여다 본 느낌이 들어서 개운해요. 장점과 단점을 속속들이 짚어내고 나니까 정말 중요한 게 어떤 건지 명확해지네요."

"아주 중요한 얘기를 했어. 자네 말대로 데카르트 질문법은 이런 효과가 있어."

다양한 각도의 시각 및 장단점 분석 → 내 가치에 의한 우선 순위 정하기 → 명확한 의사결정

데카르트 질문법의 효과

"정말 의사결정에 아주 효과적인 질문법인 것 같아요. 리더로서 의사결정할 때뿐만 아니라 피드백할 때 구성원들에게 이 질문을 던지면 정말 효과적이겠어요. 최 차장이 자기주장을 강하게 할 때, '그렇게 하면 뭐가 좋을까요? 또 뭐가 나쁠까요? 그렇게 하지 않으

면 뭐가 좋을까요? 또 뭐가 나쁠까요?' 이렇게 찬찬히 질문을 던지다 보면 저도 이 문제를 더 객관적으로 보게 되고, 최 차장 스스로도 자기주장을 살펴보게 될 것 같아요. 갈등 상황에서 싸우지 않는 법을 또 알려 주시네요. 감사합니다."

"하하. 그렇게 말해 주니 선물을 준 보람이 크게 느껴지는군. 구성원들과 다양한 각도로 질문을 던지고 답을 찾다 보면 자연스럽게 의사결정 과정을 공유하면서 방향을 잡아갈 수 있지."

"구성원들과 의사결정 과정을 공유하게 되는 건 생각하지 못했던 또 하나의 효과네요. 질문의 힘이 역시 위대하군요."

"하하. 그렇지? 자, 오늘은 공부할 내용이 많으니 잠깐 숨 좀 돌리고 하자고."

"오늘 배운 질문하기만으로도 머리가 그득한데, 아직도 남았나요?"

"힘든가? 오늘은 피드백 코칭 스킬을 다지는 마지막 날이거든. 피드백 코칭을 하는 데 반드시 갖춰야 할 가장 중요한 핵심 스킬을 오늘 공부하고 있는 거야. 이걸 다 공부하고 나면 아마 든든한 무기로 무장한 군인 같은 기분이 될 걸세."

"아, 알겠습니다. 성장하기 위해서는 고통이 필요한 거군요."

"하하. 차 한 잔 하면서 쉬고 있게. 나도 잠시 밖에 있다 오겠네."

칭찬보다는 인정과 격려를 하자

"자, 이제 다시 시작해도 되겠지?"

"네. 좋습니다. 멍하니 창밖만 내다보고 있었더니 개운해졌습니다."

"이젠 쉴 줄도 아는군. 좋았어. 이제 '칭찬, 인정, 격려하기'에 대해 알아보자고."

"칭찬, 인정, 격려라……, 솔직히 다 좋은 말이고 필요한 건 아는데, 회사에서 굳이 리더가 구성원들에게 그렇게까지 해야 하는 건가 싶어요."

"자네 뭔가 감정이 실린 것 같은데 무슨 일이 있었나?"

"요즘 회사에서 리더들은 360도 다면평가를 받잖아요. 글쎄 구성원들이 저한테 칭찬을 해 달라는 거예요. 잔소리도 줄이고 좋은 말로 표현해 주는 것만도 힘든데 칭찬이라니요!"

"자네는 나름 열심히 노력하고 있는데 칭찬을 해 달라는 피드백을 받으니 그 노력을 구성원들이 몰라주는 것 같아서 서운했겠네."

"네. 리더의 자리가 외롭다는 건 알고 있었지만 화도 나고 서글펐어요."

"그랬구먼. 그러면 자네는 칭찬이 필요하지 않다고 생각하는 건가?"

"하면 더 좋긴 하겠지요. 하지만 회사에서 벌어지는 일이 늘 긴박하게 돌아가잖아요. 지금도 실적 압박 때문에 가슴이 답답한데 언제 칭찬을 하고 있냐고요. 게다가 옆 팀 임 팀장은 칭찬을 자주 하는데, 제가 보기에는 진정성이 없어 보여요. 저한테도 가끔 칭찬을 하는데 들어도 기분이 좋아지지도 않아요."

"칭찬의 역효과까지 경험했구먼. 그래서 칭찬이라는 말이 나왔을 때 자네 표정이 바로 굳었던 거였어."

"바로 며칠 전에 일어난 일이어서 제가 좀 예민했나 봅니다."

"솔직하게 감정을 표현해 주어서 오히려 고맙네. 아까 임 팀장이 칭찬하는 말이 와닿지 않는다 했는데 어떤 말을 사용하던가?"

"강 팀장님 멋져요, 최고예요. 이런 말을 하는 데 처음 들을 때는 기분이 좋았어요. 그런데 임 팀장은 이런 말을 시도 때도 없이 해요. 저희 구성원들이 이런 칭찬을 왜 해달라는 건지 모르겠어요."

"자네, 칭찬과 인정의 차이에 대해서는 아는가?"

"칭찬과 인정이 다른 건가요? 어떻게 다른 건지 잘 모르겠는데요."

"이 두 문장을 보게."

- "잘했네요."
- "며칠간 몰입해서 일하더니 기대하는 좋은 결과를 냈네요. 멋져요."

"이 두 문장 중 하나는 '칭찬'이고 하나는 '인정'이겠죠? 첫 문장이 '칭찬'이고, 두 번째 문장이 '인정'일 것 같아요."

"맞았어. 둘 차이가 무엇이라고 보는가?"

"짧고 길다는 건 너무 뻔하고, '인정'이 훨씬 구체적이네요."

"그것도 맞았어. 이 그림을 한번 보게나. '칭찬'과 '인정'을 나타내 본 거야."

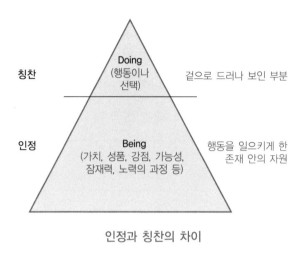

인정 — Being (가치, 성품, 강점, 가능성, 잠재력, 노력의 과정 등) — 행동을 일으키게 한 존재 안의 자원

인정과 칭찬의 차이

"음……, 저는 두 개념이 비슷한 줄 알았는데 영역이나 위치만 봐도 크게 다르네요."

"응. 칭찬은 드러난 행동이나 선택에 대한 것이고, 인정은 그 행동을 일으키게 한 가치, 성품, 가능성 등을 알아봐 주는 거야. 아까 예시로 든 두 문장에서도 앞 표현이 결과만을 얘기하는 걸로 들린다면, 뒷 문장은 내가 노력한 과정까지 알아준다는 느낌이 들게 하지."

"그러니까 칭찬보다는 인정을 해야 한다는 건가요?"

"칭찬도 물론 효과가 있어. 자네가 임 팀장에게 처음 칭찬을 들을 때 기분이 좋았다고 했잖아. 그런데 그게 진정성이 없다고 느껴지니까 그리 유쾌하지 않았던 거고."

"그러면 진정성을 담은 칭찬은 괜찮다는 건가요?"

"적절하게 사용할 필요가 있지. 하지만 칭찬보다는 인정해 주는 게 상대의 마음을 더 크게 얻을 수 있다는 거야."

"그러면 저희 구성원들이 저한테 원하는 건 상투적인 칭찬보다는 노력의 과정까지 봐 주는 '인정'이었겠네요."

"그렇지. 인정과 칭찬은 무엇보다 자발적으로 일을 하는 데 아주 중요한 동력이 되지. 자네는 추진하던 일을 제대로 못한 구성원에게 뭐라고 하나?"

"'어떻게 된 건지 말해 보세요.' '누구 책임인가요?'라고 보통 말하죠."

"그 말을 들은 구성원은 어떤 기분이 들까?"

"음……, 책임을 추궁당한다는 생각이 들겠어요."

"이렇게 말하면 어떨까?"

"실패한 원인은 찾아냈으리라 생각합니다. 다시 도전해 보세요. 나는 이 대리가 할 수 있다고 믿어요. 내가 도와줄게요."

"이게 격려군요? 실패한 일에 대해 잘못했다고 자책하기보다는 힘을 얻겠네요. 저도 저렇게 격려받으면 좋겠어요."

"누군가 해 주지 않아도 격려는 스스로에게 해도 돼. 빌 게이츠 (Bill Gates)는 매일 아침 일어나면서 '오늘은 왠지 큰 행운이 생길 것 같다.' '나는 무엇이든 할 수 있다.'라는 격려 메시지를 스스로에게 들려준다고 해."

"스스로 격려한다고요? 아~, 리더의 외로움과 고독함이 느껴집니다."

"책임져야 하는 범위가 커질수록 외로운 법이지. 자, 드디어 자네가 오늘 가장 기다리던 '요청하기'로 넘어가 볼까?"

믿음을 담아 적극 요청하라

"네. 기다렸어요. 요청하고 싶은 게 있을 때 어떻게 하면 되나요?"

"먼저 구성원들이 행동을 개선하기를 바라는 것들이 어떤 건지 한번 적어 보게나."

"많지요."

- 구성원이 더 성장할 수 있는데도 노력하지 않을 때
- 평소 업무 태도가 획기적으로 바뀌길 바랄 때
- 약속을 지키지 않거나 실행을 미루는 행위가 반복될 때
- 거래처와의 관계에서 책임을 다하지 못하고 책임을 회피하려

고 할 때

- 인간관계에서 자주 불화를 일으킬 때

"리더로서 답답한 순간이지. 이럴 때 자네는 어떻게 하나?"

"혼을 내는 경우도 있지만 대놓고 말을 못하는 경우도 많아요. 더구나 저보다 그 조직에 오랫동안 자리를 잡고 일해 오던 사람들 앞에서는 눈치를 보게 돼요. 특히 자기주장이 강하고 표현도 직설 적인 최 차장 같은 구성원에게 개선을 요구하는 건 힘들어요. 이런 얘기 하는 거 부끄럽지만 코치님 앞이라서 한 겁니다."

"솔직하게 얘기해 줘서 고맙네. 사실은 자네뿐만 아니라 많은 리 더가 혼자 속앓이를 하지."

"그런가요? 좀 위로가 되는 걸요."

"자, 최 차장이 기대했던 목표를 달성하지 못했다고 해 보세. 뭐 라고 하겠나? 이럴 때 '나 전달법'을 쓰는 거야. '나 전달법'을 사용 하되, 자네가 하고 싶은 말을 다 해 봐."

"음……, 이렇게 하면 될까요?"

"최 차장, 이번에 최 차장이 맡은 영업파트가 목표 달성에 실패 해서 걱정됩니다. 더욱이 이번 프로젝트의 핵심인 최 차장이 다른 팀과의 불화로 이런 결과를 초래했다는 점이 나를 무척 당황하게 합니다."

"오오~! 잘하는데. '나 전달법'을 사용하는 연습을 했다더니 제대로 했네."

"하하. 칭찬과 인정을 해 주신 거죠? 요청하기의 핵심이 '나 전달법'인가 봐요. 확실히 '나 전달법'을 사용하니까 상대를 비난하지 않고도 훨씬 부드럽게 의사 전달이 되네요."

"자, 그럼 그다음에 할 말을 생각해 봐. 이게 '요청하기'야. 진정성과 용기를 갖고 반드시 기대하는 성과가 나오게 하겠다는 생각으로 강력하게 표현해 봐."

"파트 내부뿐만 아니라 다른 팀과의 협조는 프로젝트의 성패를 좌우할 만큼 중요한 요소입니다. 내가 사업팀장으로서 최 차장에게 요청하는 것은 상호협조 역량을 좀 더 강화시켜 달라는 겁니다."

"이렇게 하니까 감정이 실리지 않으면서도 단호하게 표현할 수 있네요. 속이 시원합니다. 코치님 앞에서 하니까 잘 되는 것 같아요. 실제 상황에서도 이렇게 차분하고 힘 있게 표현할 수 있으면 정말 좋겠어요. 그런데 걱정되는 게 있어요."

"뭔가?"

"저렇게 말하고 나서 저는 시원해졌는데, 최 차장이 제 말을 반박하면 어떻게 하죠?"

"중요한 얘기를 했어. 요청을 해도 끝나지 않는 경우도 많아. 그럴 때는 이 말을 기억해 봐."

‘No’는 또 다른 ‘Yes’다(‘No’ means another ‘Yes’: 누군가 ‘노’라고 말할 때는 진정으로 말하고 싶은 ‘예스’가 있는 것이다).

"반박하고 있지만 사실은 본인이 하고 싶은 다른 것이 있다는 얘기지. 그 사람의 다른 긍정적 의도가 있다는 거야. 그걸 읽어 주면 되는 거야."

"어떻게 하면 부정을 긍정으로 바꿀 수 있나요?"

"이런 질문을 던져 보면 도움이 될 거야."

"그렇다면 최 차장 생각은 어떤 건가요?"

"아~! 이렇게 하면 상대의 생각을 듣고 절충점을 찾을 수 있겠네요. 거부당할 것까지 예상하면 좀 더 자신 있게 요청할 수 있겠어요."

"맞아. 요청하기는 여기서 끝내지 말고 반드시 덧붙여야 하는 게 있어."

"그게 뭔가요?"

요청 후에는 확인, 재확인하라

———

"자네 군대에서 하던 '복명복창' 생각나는가? 상급자가 내린 명령이나 지시를 되풀이해서 말하는 거 말이야."

"당연하지요. '복사해서 붙여넣기'처럼 상급자가 말한 걸 따라해야 했잖아요."

"군대에서 왜 그렇게까지 복명복창을 시킨다고 보는가?"

"그야, 군대에서는 한 치라도 오차가 생기면 수많은 사람의 목숨이 왔다 갔다 할 수 있으니까 철저히 확인하게 하는 거겠지요."

"맞아. 조직에서도 확인, 재확인이 중요한데도 놓치는 경우가 많아. 내가 만난 어떤 팀장은 임원 미팅이 끝나면 임원이 미팅에서 한 얘기를 두고 팀원들과 모여서 진짜 뜻이 무엇일까에 대해 한참을 논의한다고 하더군. 그 자리에서 물어보면 될 걸 말이야."

"남 얘기가 아니에요. 저도 그런 적 많거든요."

"이런 일들이 시간과 노력을 허비하게 만들 뿐만 아니라 조직이한 방향으로 정렬(alignment)되는 데도 방해가 되는 거지."

"그 자리에서 물어보면 된다고 하셨지만 제대로 이해했는지 리더에게 되물어서 확인하는 게 쉽지는 않아요. 뭔가 능력이 모자란 사람으로 보일까 봐 걱정되니까요.

"맞아. 하지만 사람들은 '내 뜻을 알겠지.' 지레짐작하면서 지시하는 경우가 의외로 많거든. 우리는 서로 다른 환경에서 자라면서 다른 가치관과 논리 체계를 갖고 살아왔기 때문에 해석하는 방법이 다를 수밖에 없어."

"그걸 안다고 하더라도 구성원이 리더에게 되묻는 건 쉽지 않을 것 같아요."

"그렇지. 그래서 리더가 확인, 재확인 작업을 하는 게 훨씬 더 좋은 방법이야."

"그런데 확인과 재확인은 어떻게 다른 건가요?

"호오~, 자네가 지금 나한테 확인 작업을 한 거네."

"어? 어쩌다 그렇게 되었네요."

"확인, 재확인은 리더가 하는 게 더 좋은 방법이라고 했잖아. 확인은 리더가 '요청하기'를 한 다음 구성원에게 다시 한번 짚어 주면서 확인시켜 주는 거고, 재확인은 구성원이 이해했는지 다시 말하게 하는 거야."

"아아~, 리더가 한 말을 다시 한번 말해 주고, 그걸 구성원이 다시 말하게 한다는 거네요. 확인, 재확인은 코치님이 이제까지 알려 주신 다른 대화기법에 비해 따로 익힐 필요도 없고 조금만 더 신경

쓰면 실천할 수 있을 것 같아요."

더 강력하게 요청하고 싶으면 '메시징'하라

"이제 '요청하기'보다 더 강력한 요청 방법을 알려 주지."

"더 강력한 게 있다고요?"

"이건 여러 번 요청했는데도 개선되지 않는 경우에 사용하는 방법이야. 자네 이런 상황 생각나는 게 있나?"

"네. 김 과장이 시간이 없다고 얘기하면서 일을 제때 안 하고 있어요. 그래서 자꾸 지적하게 됩니다."

"자, 그럼 자네가 그 상황에 대해 처음 얘기를 나눈 상황을 대화로 구성해 보게나."

박 선배가 '1차 피드백 코칭 상황'이라고 쓴 다음 강 팀장에게 키보드를 넘겼다.

1차 피드백 코칭 상황

강 팀장: 김 과장, 우리가 얘기한 것 잘 되어 가고 있습니까?

김 과장: 시간이 없어서 못하고 있습니다. 죄송합니다.

강 팀장: 내가 어떤 걸 더 도와주면 좋을까요?

김 과장: 아닙니다. 제가 더 관심 갖고 하겠습니다.

강 팀장: 그렇게 얘기하실 줄 알았습니다. 기대하겠습니다.

"'내가 어떤 걸 도와주면 좋을까요?'라는 말도 할 줄 알고, 역시 적용력이 대단해."

"하하. 아까 배운 '격려하기'를 한번 써 봤습니다."

"자, 김 과장이 계속 안 하고 있는 상황이라고 했잖아? 2차 피드백 코칭은 어떻게 하면 될까?"

"음……, 이 부분은 제가 아직 잘 떠오르지 않으니 코치님께서 샘플을 보여 주시지요."

"지금 나한테 '요청하기'를 사용한 거지? 알았어. 자 봐봐."

강 팀장: 김 과장, 우리가 얘기한 것 잘 되어 가고 있습니까?

김 과장: (머리 긁적거리며) 아직도 시간이 없어서…….

강 팀장: 말과 행동이 다르네요(중립적이지만 강력한 메시지). 많이

　　　　기대했는데. 언제부터 실행에 옮길 건가요?

김 과장: 죄송합니다. 다음 주부터는 실행하겠습니다.

강 팀장: 좋습니다. 김 과장이 시작했다는 것을 내가 어떻게 알 수

　　　　있지요? (어조 억양이 좀 달라질 수 있다.)

김 과장: 제가 말씀드리겠습니다.

강 팀장: 좋습니다. 기대하겠습니다. 오늘 우리가 어떤 얘기를 했는 지 다시 확인해 줄 수 있겠습니까? (확인)

김 과장: 팀장님과 약속한 것을 다음 주부터 실행하기로 했으며, 그 것을 시작했다는 것을 팀장님께 말씀드린다고 했습니다. (재 확인)

강 팀장: 고맙습니다. 기대하겠습니다. 이번에는 잘될 것 같군요. 내가 도와줄 일이 없겠습니까?(인정, 격려)

김 과장: 네, 없습니다. 제가 알아서 하겠습니다. 감사합니다.

"그동안 배운 게 이렇게 적용되는군요. 이걸 보니 리더가 용기를 가져야겠다는 생각이 드네요."

"그래? 어떤 점에서 용기가 필요하다는 건가?"

"이 대화를 보면 문제를 회피하지 않고 정면으로 부딪치잖아요."

"맞아, 하지만 상대를 존중하면서 감정을 배제하기 때문에 서로 얼굴 붉히지 않고도 대화를 마무리하게 되는 거지."

"리더의 진정한 힘이 이런 거군요. 이렇게 대화를 나누면 부드럽 지만 강력한 힘을 발휘할 것 같아요."

"맞아. 자네가 지금 그런 리더가 되어 가고 있지. 자, 오늘 공부 는 어땠나?"

"저는 솔직히 코치님이 하시는 피드백 코칭이 구성원 입장에서 그들의 마음을 이해하고, 그들이 스스로 행동할 때까지 기다려 주는 거라고 생각하고 있었어요. 그래서 코치님이 알려 주시는 것들이 좋은 얘기지만 조직이 처한 현실적인 문제를 해결하는 데는 한계가 있지 않을까 하는 생각도 했거든요."

"그렇게 생각할 수 있지."

"그런데 오늘 요청하기와 메시징하기를 배우면서 그런 생각이 싹 사라졌어요. 피드백 코칭을 제대로 배우면 부드럽지만 강력하게 조직을 변화시킬 수 있다는 믿음이 더 생겼어요."

"하하. 피드백 코칭의 진가를 제대로 느끼게 된 것 같아 매우 기쁘네."

"코치님 덕분입니다."

"다음 만날 때까지 어떤 걸 실행에 옮겨 보겠나?"

"실천할 게 점점 늘어나서 부담이 돼요. 경청 훈련에, '나 전달법'과 'Yes' 대화에, 오늘 배운 역량까지! 부담은 되지만 제 안에 선물이 쌓이는 느낌이에요."

"하하, 선물이라고 하니 나도 기분이 좋군."

"다음 만날 때까지는 이제까지 공부한 역량을 적용해 볼 건데요, 그중에 특히 '요청하기'와 '메시징하기'에 집중해 보려고요. '요청하기'와 '메시징하기'가 가진 부드러우면서도 강력한 파워가 매력적이에요."

"좋았어. 다음에는 그 역량을 기반으로 어떻게 피드백할지에 대해 공부할 거야."

"그러려면 오늘까지 배운 역량이 제 몸 깊숙이 들어오도록 익히는 일이 중요하겠군요."

"좋은 얘기야. 머리로 받아들이는 게 아니라 세포에 새겨 넣어야지. 기대하겠네. 2주 뒤에 보세."

강 팀장의 피드백 성찰 **Note**

오늘의 느낌

• 아직 무르익지는 않았지만 내 안에 역량이 하나씩 새겨지고 있다는 생각이 든다.

• 역량 하나하나의 파워가 막강하다. 부드러우면서도 강력하게 원하는 목표에 이르게 해 줄 거라는 기대가 생긴다.

• 용기! 용기를 내자.

기억할 내용

• 훌륭한 리더는 듣고 수용하는 것도 중요하지만, 원하는 걸 제대로 표현할 줄도 알아야 한다.

• 칭찬과 인정은 비슷해 보이지만 경우에 따라서는 하늘과 땅 차이만큼 다르다. 인정은 존재 자체를 알아보는 것이다.

• "내가 자네에게 어떻게 해 주면 힘이 될까?" 이 말은 외워서라도 써먹자.

• '확인, 재확인하기'는 쓸데없는 시간 낭비를 줄이고 자기 다짐을 강화시켜 준다.

• 하고 싶은 말을 '요청하기'와 '메시징'을 통해 단호하게 전달할 줄도 알아야 한다.

용기 있게 자기를 표현하라

1. 질문하기-질문은 한 공간에서 다른 공간으로 생각을 이동시킨다

좋은 질문은 자기와 세상을 바라보는 시선의 높이와 넓이와 폭을 달리해 준다. 피드백을 할 때 내 생각과 요청사항을 말하기 전에 피드백 받는 사람의 생각과 감정, 의도를 파악하기 위해서도 질문이 필요하다. 또한 상대방이 스스로 생각하고 행동에서 전환이 일어나도록 촉매 작용을 하도록 하는 질문도 필요하다.

데카르트 질문법은 의사결정할 때, 하나의 동일한 문제를 네 가지 각도에서 볼 수 있게 하여 균형 잡힌 의식적 선택을 할 수 있게 도와주는 도구다. 또한 의사결정을 한 경우의 결과와 의사결정하지 않은 결과도 살펴보게 하는 과정을 제시한다. 먼저 '이 일이 일어나면 어떤 일이 일어날까?'의 질문에서 '이 일이 일어나면 뭐가 나쁠까?' '이 일이 일어나지 않으면 뭐가 좋을까?' '이 일이 일어나지 않으면 뭐가 나쁠까?'로 시각을 확장해 나가는 질문법이다.

2. 인정과 격려하기-인정과 격려는 피드백을 흐르게 하는 에너지이다

1) 칭찬을 넘어 인정을 하라

칭찬은 잘한 행동이나 올바른 선택 또는 좋은 결과를 냈을 때 찬사를 보내는 것이다. 칭찬은 구체적인 사실에 대해 구체적으로 해야 한다. 그러나 같은 유형의 칭찬을 계속하면 오히려 역효과가 난다는 연구도 있다. '저 사람은 나를 이용하려고 진정성 없는 칭찬을 하는구나.'라는 생각을 갖게 하기 때문이다.

인정은 상대방이 그간 노력한 과정, 상대가 그의 강점을 잘 발휘한 점, 가치 중심의 태도나 의사결정과 인간관계, 비전을 가지고 조직생활하고 있는 점 등을 인정해 주는 것이다.

2) 격려해 주라

인정과 칭찬에서 더 나아가 상대방을 임파워링 해 주는 방법 중 하나가 격려다. 피드백 대상은 잘한 대상에 대해서도 할 수 있지만 비교적 행동 수정이 필요한 사람을 대상으로 할 경우가 많다. 인간은 누구나 실패할 수 있다. 그 실패는 일부러 잘못되려고 한 것은 아니다. 그러므로 이때 필요한 것이 격려다.

3. 요청하기 - 요청은 실행을 자극한다

피드백은 기대하는 목표를 달성하지 못했을 때 하는 경우가 대부분이기 때문에 '요청하기'는 개선이나 변화를 촉구하는 적극적인 수단이 된다. 말하자면 상대의 구체적인 성과나 행동을 보고 내가 느끼는 감정이나, 그것이 다른 사람 또는 조직에 미치는 영향을 달라지게 할 수 있도록 개선이나 변화를 요청하는 것이다.

요청할 때 유념해야 할 것은, 요청을 받은 사람이 'Yes' 또는 'No'라고 말할 수 있고, 다른 방법으로 절충할 수도 있음을 예측해야 한다. 특히 상대가 'No'라고 말할 때는 그 말 속에 상대의 다른 'Yes'가 있다. 'No' means another 'Yes'다.

4. 확인과 재확인하기 - 예기치 않은 실수를 막는다

일을 하다 보면 예기치 않은 곳에서 실수를 할 때가 있다. 바로 확인과 재확인 과정이 생략되었기 때문이다. 일반적으로 리더들은 다음과 같이 오해하면서 지시를 한다.

첫째, 더 구체적이고 명확하게 표현하지 않아도 '이 정도 말하면 알겠지.'라고 생각한다.

둘째, '그래도 같이 일한 지 몇 년 되었으니, 전공을 했으니, 직급이 그정도는 되니까' 하고 마음으로 '내 말을 알아들었겠지.'라고 생각한다.

셋째, '나도 그 정도밖에 못 들었어. 그러니 나머지는 네가 더 알아보고 알아서 처리해.'라고 기대한다.

5. 메시징하기-때로는 강력한 메시지가 필요하다

진행 과정에서 구성원이 자기가 하기로 다짐한 것을 하지 않고 자주 잘못된 행동을 되풀이할 때나 할 수 있는 역량이 충분한데도 그것을 발휘하지 않으려고 할 경우에는 실행력을 강화하기 위한 메시지를 줄 필요가 있다. 이때는 감정이 들어가지 않은 중립적인 언어를 사용하더라도 메시지는 강력해야 한다. 전달하는 방법은 말로 하되 서술식이나 질문 형태로 해도 좋다. 비유적으로 전달해도 좋다.

PART 3

피드백 코칭 실전 익히기

피드백 사전 준비는 상대를 위한 배려다

피드백에도 성장 사이클이 있다

상대를 진정으로 고무시키는 피드백을 하라

피드백 사전 준비는
상대를 위한 배려다

"사람은 여러 가지 요청사항을
한 번에 처리하지 못해.
긍정적 피드백과 부정적 피드백을
한꺼번에 하면 한 가지에만
집중하게 되는 경향이 있어."

구성원들이 일하는 모습을 물끄러미 바라보던 강 팀장은 구성원들을 보는 자신의 시선이 달라졌다는 게 느껴졌다. 박 코치를 만난 이후 구성원들을 대하는 태도가 달라지다 보니 회의 분위기도 훨씬 부드러워졌고, 무엇보다 강 팀장 자신이 구성원들과 지내는 시간이 가벼워졌다. 하지만 여전히 진짜로 풀어야 할 문제에는 다가가지 못하고 있다는 생각이 든다. 먼저 최 차장과 솔직하게 대화를 나눠 봐야겠다는 생각을 하고 있지만, 어떻게 얘기를 풀 수 있을지 아직은 자신이 없다.

이런 생각을 하며 박 코치를 만나러 가기 위해 사무실을 나섰다. 온종일 부슬부슬 내리던 비가 오후가 되면서 세차게 쏟아진다. 우산을 썼는데도 바지와 어깨가 다 젖었다. 그런데 강 팀장은 오히려 가슴이 시원해지는 것 같았다. 어깨의 물을 털며 박 코치가 있는 회의실로 들어갔더니 박 코치는 창밖을 향해 앉아 눈을 감고 있다.

"코치님, 저 왔습니다. 오늘은 피곤하신가 봅니다."

"아, 왔구먼. 빗소리가 좋아서 잠시 집중하고 듣고 있었어. 오늘 여기 오면서 기분이 어땠나?"

"제 기분이 오늘 좀 달랐는데 그걸 어떻게 알고 딱 물어봐 주시네요. 훈련을 열심히 하던 군인이 진짜 전쟁을 앞둔 기분 같다고나 할까요."

"흐음~, 전쟁을 앞둔 군인이라……. 비장함이 느껴지는 걸. 이제까지 자네가 정말 잘 따라왔어. 그래. 오늘의 주제로 들어가기 전에 그동안 어떻게 지냈는지 궁금하네. '요청하기'와 '메시징하기'를 집중해서 사용해 보겠다고 했는데 어땠나?"

"한마디로 'I-Message' 덕에 자유를 얻었다고나 할까요?"

"하하. 무슨 얘기인가?"

"'I-Message'가 핵심이라는 걸 알았어요. 'I-Message'를 사용할 줄 알게 되니까 '요청하기'와 '메시징하기'를 하는 데 덜 주저하게 되더라고요. 서로 기분 나쁘지 않으면서도 대화를 할 수 있다는 걸 알게 되니 제가 하고 싶은 말을 눈치 보지 않고 하게 됐어요. 물론 아직은 잘 안 될 때가 더 많지만 그래도 점점 나아지는 걸 느끼니까 즐거워요."

"자네가 자유를 얻었다니 듣는 내가 다 시원하군. 축하하네."

"그리고 거울을 보는데 '선택'이라는 단어가 계속 맴돌았어요. 이제까지 살아오면서 끊임없이 선택을 하고 살아왔고, 그 선택이 내 삶을 만들어 온 거구나. 앞으로 내가 하는 선택들이 또 내 삶을 만들어 가겠구나 하는 생각이 들었어요."

"놀라운 깨달음을 얻었는걸. 자기 내면을 제대로 성찰하고 있구먼. 내가 내 삶을 주도하는 주인이라는 걸 깨달은 셈이지."

"그 말씀을 들으니 이제까지 제 삶이었지만 제가 주도한다기보다는 수동적으로 살았다는 생각이 드는 걸요."

"오늘 이후 자네의 생각의 깊이가 달라질 거라는 믿음이 생기는군."

"감사합니다. 코치님 덕분이에요."

먼저 피드백 메시지를 준비하라

"자, 오늘 이야기를 시작해 볼까? 자네가 대망의 그날을 준비하는 기분이라고 했는데, 이제 실제로 피드백 코칭이 어떤 프로세스로 이루어지는지, 피드백 코칭을 하기 전에 어떤 준비를 해야 하는지에 대해 이야기할 거야."

"이제까지 배운 역량을 어떻게 적용하게 되는지 궁금해요."

"자, 이걸 보게나."

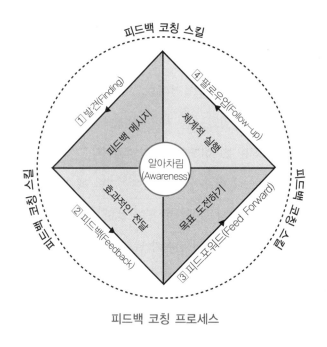

피드백 코칭 프로세스

　"음……, 피드백 코칭 프로세스가 1번부터 4번까지 순서대로 진행된다는 건 알겠는데, 어떤 의미인지는 그림을 봐도 잘 모르겠어요."

　"그래도 보자마자 핵심을 찾아냈구먼. 피드백 코칭은 발견, 피드백, 피드포워드, 팔로우업 네 단계로 진행돼."

　"피드백이 과거에 한 일에 대한 내용을 다룬다면 피드포워드는 앞으로 어떻게 하면 더 잘할 건지를 찾는 거라고 하신 건 기억해요. 그러면 발견과 팔로우업은 뭔가요?"

"팔로우업은 차차 얘기하기로 하고, 오늘은 발견에 대해서만 짚으려고 해. 자네는 구성원들을 면담할 때 어떤 자료를 갖고 하나?"

"그게 명확하지는 않아요. 실적 자료를 갖고 하지만 실적만으로 평가할 수는 없으니까요. 그 구성원을 지켜본 제 생각을 갖고 하는 경우가 더 많아요."

"자, 내가 피드백할 때 사용하는 양식을 보여 줄게."

(F) 피드백 근거(Factors)	(I) 영향(Impact)	(R) 요청사항(Request)
자료, 내용, 상황, 행동	과거·미래/긍정·부정	하나씩/통제 가능
김 과장은 A브랜드 광고 수주를 위해 한 달 동안 광고기획안을 작성하여 지난주 월요일에 PT를 하였다. PT를 하는 가운데 심사위원들의 질의에 대해 두 가지를 명확하게 답변하지 못했다. 어제 결과 발표가 있었는데 수주에 실패했다.	이로 인해 우리 회사 실적에 부정적인 영향을 미쳤다. 다음 달 프로젝트에 다시 수주 PT를 하는데 이번에도 실패하면 경영상 심각한 상황에 빠질 수 있다.	이번 PT 때 명확하게 답변하지 못했던 두 가지 질문에 대해 철저히 분석, 준비하고, 다음 달 수주 경쟁 PT 때 질의사항을 다각도로 준비해 일주일 전에 최종 점검할 수 있도록 준비에 만전을 기해 주길 바란다.
(근거)가 이해할 수 있을 만큼 구체적인가?	(영향)에 대해서 상대방이 동의할 수 있는가?	(요청사항)이 상대방이 통제할 수 있는 수준인가?

피드백 메시지 양식

"뭔가 기록해야 할 게 많네요."

"피드백을 하려면 제대로 준비되어 있어야 해. 그러자면 구체적인 근거가 가장 중요해. 자료(Data) 내용(Contents), 상황(Situation), 행동(Behavior)을 관찰한 결과 등이 근거가 되지."

"근거 하나도 매우 구체적으로 기록해야 한다는 얘기네요."

"뭘 저렇게까지 해야 하나란 얘기로 들리는데, 맞나?"

"귀신같이 제 마음을 잘 아시네요. 솔직히 바쁜데 언제 저런 걸 다 기록합니까?"

"지난번에 마이다스아이티에서 리더들이 월간 리포트를 쓰는 걸 귀찮아해서 제대로 시행이 안 됐는데, 중요한 업무로 인식되면서 자리 잡았다고 한 거 기억하는가?

"근거를 기록하는 일이 리더의 업무라는 생각을 하게 되면 달라진다는 말씀이시죠."

"그렇지. 근거가 명확하면 서로 기억이 달라서 갈등이 생기는 일도 줄고, 서로가 개선할 행동도 명확하게 합의할 수 있거든. 그다음에 있는 '영향'이란 발생한 일이나 발생할 일에 대해 긍정적이거나 부정적 영향은 무엇인지 파악하는 거야."

"결국 왜 이 내용을 피드백 주제로 삼았느냐에 대한 얘기가 되겠네요."

"빙고! 그다음 '요청사항'은 리더가 그 구성원에게 기대하는 게 무엇인지를 구체적으로 정리하는 거지."

"음……, 꽤 귀찮은 일이 될 거라는 생각에는 변함이 없지만, 피드백하기 전에 저렇게 자료를 준비하면 피드백이 산으로 갈 일은 없겠네요. 감정에 휘둘리다 보면 원하는 얘기도 제대로 전달이 안되고, 구성원은 억지로 알았다고 하는 경우가 생기거든요."

"그렇지. 메시지를 작성하면서 함께 고려해야 할 게 있어. 이걸봐."

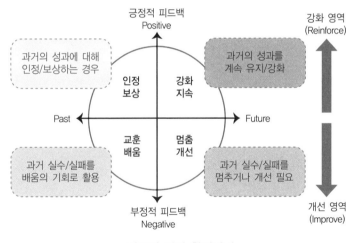

피드백 영역 확인하기

"이 그림을 간단하게 이해하면 긍정적 피드백을 할 거냐, 부정적 피드백을 할 거냐는 걸 정하라는 거잖아요?"

"맞아, 긍정적 피드백은 잘한 것을 더 잘하도록 격려하는 강화 피드백이고, 부정적 피드백은 말과 행동이 잘못되었을 때 올바른 방향으로 가도록 하는 개선 피드백이야."

"한 번에 긍정적 피드백과 부정적 피드백 둘 다 하면 안 되나요?"

"중요한 질문이야. 사람은 여러 요청사항을 한 번에 처리하지 못해. 두 가지 요청을 한꺼번에 하면 한 가지 피드백에만 집중하게 되는 경향이 있어. 그리고 피드백을 하기 전에 감안해야 할 게 또 있어. 이걸 보게나."

피드백 타이밍을 잡으라

"피드백도 타이밍을 생각해야 한다는 거네요?"

"응. 그림의 'stop' 영역처럼 상대가 감정적으로 동요하고 있고 그 상황을 통제할 가능성이 낮으면 아예 하지 않는 게 좋아."

"상대가 감정이 안정적이고 통제 가능성이 높으면 적극적으로 진행하고, 반대로 감정적으로 통제하기 힘든 상황에는 피드백을 하지 말라는 거네요. 그런데 'Smaller Divide'는 뭔가요?

"아, 그건 피드백 내용을 상대방이 통제할 수 있을 정도로 작은 부분으로 나눠서 피드백한다는 거지."

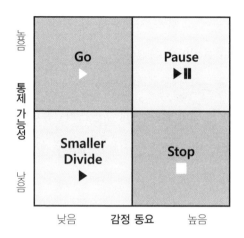

- Go: 감정 동요는 낮고 통제 가능성이 높으면 피드백을 적극적으로 진행한다.
- Smaller Divide: 감정 동요도 낮고 통제 가능성도 낮으면 피드백을 좀 더 작게 나눌 필요가 있다.
- Pause: 감정 동요도 높고 통제 가능성도 높으면 잠시 멈추었다가 진행하는 게 좋다.
- Stop: 감정 동요는 높고 통제 가능성은 낮다면 피드백을 제공하지 않는 게 낫다.

피드백과 타이밍

"피드백을 성공시키기까지 참 많은 준비가 필요하네요. 그런데 저렇게 피드백 메시지 준비하고, 타이밍도 살펴서 피드백을 시작했는데 정작 상대가 제 얘기를 받아들이지 않을 수도 있잖아요. 그럴 때는 어떻게 하죠?"

"이제는 다음에 공부할 내용이 뭔지도 바로 집어내는구먼."

"그게 다음 주제인가요?"

"맞았어. 다음에 그 애길 자세하게 할 거야. 이제 두 번 남았구먼. 오늘은 여기까지인데 어땠나?"

"일단 다른 때보다 익혀야 할 내용이 적어서 좋았고요, 피드백을 하는 데 준비까지 해야 한다는 게 부담스러웠는데, 그게 아직 제가 조직을 운영하는 데 피드백을 중요한 업무로 인식하고 있지 않아서라는 걸 알게 됐어요."

"그렇지. 인식이 바뀌고 업무로 자리를 잡아서 습관이 되면 부담은 또 줄어들 걸세. 그래, 다음 시간까지는 뭘 해 볼 건가?"

"이번에는 정해진 과제가 제 눈에 보이는데요? 저 피드백 메시지를 작성하는 거 아닌가요?"

"맞아. 지금부터 시작해서 마지막 시간까지 작성하면 되네."

"그렇군요. 그러면 다음 시간까지는 피드백 메시지를 준비하면서 그동안 제가 어떤 부분이 달라졌는지 짚어 볼게요."

"좋아. 어떤 얘기가 나올지 궁금하군. 그럼 2주 뒤에 또 보세."

강 팀장의 피드백 성찰 Note

오늘의 느낌

• 드디어 피드백 프로세스를 배우기 시작했다. 피드백이 리더에게 중요한 업무여야 한다는 걸 조금은 알 것 같다.

• 최 차장에게 피드백 메시지를 쓰려고 하니 긴장도 되고 기대되는 마음도 든다. 잘 될 거라고 믿자.

기억할 내용

• 피드백을 하기 전 피드백 요인부터 발견해야 한다. 구성원에 대한 자료와 행동을 관찰한 결과를 자세히 기록하는 게 필요하다.

• 그다음 단계는 피드백 메시지 작성하기다. 여기에는 피드백 요인과 그 이슈가 미치는 영향, 요청사항을 적는다.

• 피드백을 전달할 때는 강화의 영역인지, 개선의 영역인지 파악해야 한다.

• 타이밍도 중요하다. 상대가 감정적으로 동요되기 쉬운 상태라면 안 하느니만 못하다.

피드백의 성공 요소는 사전 준비다

피드백 코칭하기

피드백을 잘하려면 피드백 스킬과 피드백 프로세스가 잘 어우러져야 한다. 피드백 프로세스란 피드백을 전하고 실행하도록 도와주는 과정을 말하는데, 4단계로 나누어 설명할 수 있다.

- 1단계-피드백 요인 발견하기(Finding)
- 2단계-피드백하기(Feedback)
- 3단계-피드포워드 하기(Feedforward)
- 4단계-팔로우업 하기(Follow Up)

1단계: 피드백 요인 발견하기

이 단계는 자료나 행동을 관찰하여 의미 있는 요소를 발견하는 것이다. 피드백 요인을 발견하는 것은 상대방에게 도움이 되는 피드백을 위해 객관적으로 관찰한 자료나 행동을 통해 팀의 성과도 향상시키고 상대방의 성장에 도움이 되는 의미 있는 내용을 정리하는 것이다. 그러기 위해서는 평소에 관심을 갖고 관찰해야 하며 피드백해 줄 일이 생길 때마다 기록을 해 두어야 한다.

피드백 요인을 발견하기 위해서는 구체적 자료(Data)나 내용(Contents) 그리고 어떤 상황(Situation)에서 일어난 구체적인 행동(Behavior)에 근거(Factors)해야 한다. 이를 토대로 전달하고자 '피드백 메시지'를 정리할 수 있다. 또한 피드백을 해야만 혹시라도 일어날 수 있는 감정적 표현으로 인해 피드백 자체가 무효가 되거나 역효과를 일으킬 위험성을 제거할 수 있다.

2단계: 피드백하기

발견한 피드백 요인을 효과적으로 전달하기 위해서는 먼저 그 상황에 알맞은 피드백 영역을 확인하고 그것에 알맞은 피드백 스킬과 모델에 따른 프로세스를 익히는 것이 바람직하다.

1) 효과적인 피드백 영역을 확인하라

피드백 영역은 네 영역으로 나뉜다. 과거와 미래 그리고 부정적, 긍정적 영역으로 나뉘는데, 이것을 두 가지 피드백 영역으로 크게 나누면 강화 피드백을 할 것인가 개선 피드백을 할 것인지 결정된다. 강화 피드백을 할 때는 강화 스킬이 필요하고, 개선 피드백을 할 때는 개선을 위한 피드백 스킬이 필요하다.

2) 피드백의 적절한 순간을 잡으라

피드백 영역을 확인했다고 하더라도 효과적으로 전달하기 위해서는 몇 가지 질문이 필요하다. 피드백을 주기 전에 혹시 일어날 수 있는 현상을 미리 방지할 수 있기 때문이다.

- 피드백을 제공하기에 적절한 순간인가?
- 피드백 전달 프로세스는 어떻게 할 것인가?
- 감정적인 반응에 어떻게 대응할 것인가?

피드백에도 성장
사이클이 있다

"『논어』의 「위령공 편」에
'기소불욕(己所不欲)이면
물시어인(勿施於人)'이란 말이 나와.
즉, 내가 하고 싶지 않은 일은
다른 사람에게도 시키지 말라는 거야."

금요일 오후. 강 팀장은 서둘러 일을 마무리하고 구성원들에게 일찍 퇴근하라고 당부한 후 사무실을 나왔다. 15층에서 엘리베이터를 기다리는데 창밖의 구름이 눈에 들어왔다. 어린 시절에는 구름만 보면 신이 났다. 만화 주인공처럼 구름을 잡아타면 새로운 세계로 데려다 줄 것 같았으니까. 강 팀장은 문득 어른이 된 지금은 신나는 일이 뭘까 궁금해졌다.

그런 물음조차 던지지 않고 살아왔는데 이 물음을 던지자 기획팀에서 일을 배우고 성과를 내고 인정받던 시절이 떠올랐다. 생각해 보니 그때가 신났던 것 같다. 강 팀장은 박 코치의 사무실로 가는 길에 구름을 보며 계속 생각에 잠겼다. '지금은 뭐가 달라진 거지? 언제부터인가 일 자체를 즐기기보다는 어떻게 하면 더 높은 성과를 받을 것인가에 몰두하고 있는 것 같아.'

그때 누군가 강 팀장의 어깨를 툭 친다. 놀라서 돌아보니 박 코치다. 한 기업체에 코칭을 하러 갔다가 강 팀장과 약속한 시간에 맞춰 오고 있는 중이었단다.

"무슨 생각을 그렇게 골똘히 하나?"

"궁금한 게 있어요. 저를 몇 년 만에 보셨잖아요? 예전에 코치님과 같이 일하던 시절의 제 모습과 지금 제 모습은 어떻게 다른가요?"

"솔직하게 말해도 되나?"

"물론입니다."

"지금은 그때보다 좀 못생겨졌지."

"허허, 제가요? 우리 아이는 아빠 잘생겼다고 하던데……."

"예전에는 늘 생기와 활력이 넘쳐서 얼굴에서 빛이 났는데, 다시 만났을 때는 뭔가에 빠져서 다른 생각을 못하는 사람으로 보였어. 그래도 요즘 그 모습을 회복해 가고 있는 것 같아."

"아아……, 그런가요? 왜 그렇게 보신 걸까요?"

"내 생각에는 자네가 동료들보다 빨리 승진해서 혹시나 뒤처질까 하는 불안감도 큰 것 같고, 또 남들보다 늦게 결혼을 하면서 가정에 대한 책임감도 더 커서 여유가 없어진 것 같아. '아이가 대학 들어가면 내가 몇 살인데, 그때도 내가 돈을 벌 수 있을까?' 이런 생각하지 않나?"

"맞아요. 자주 아이 나이와 제 나이를 비교해서 계산해요. 아이는 이제 유치원생인데, 입사 동기 중 절반 이상이 회사를 떠난 걸 보면서 난 언제까지 이 아이에게 지원해 줄 수 있을까, 이런 걱정을 늘 하게 돼요. 하아~. 제가 많이 팍팍해졌네요."

얘기를 나누다 보니 박 코치 사무실에 도착했다. 박 코치가 오늘은 옥상에서 이야기하자며 태블릿PC를 챙겼다. 옥상에는 작은 테이블과 의자가 있어서 얘기 나누기에 좋았다.

"코치님, 오늘 하늘이 참 깨끗하네요. 그리고 보니 우리가 처음 만났던 곳도 옥상이었는데 오늘도 옥상에 있네요."

"그러네. 벌써 6개월 정도 지났구먼. 6개월 전에 옥상에 서 있던 기분과 지금 기분은 어떤가?"

"코치님이 제가 달라질 거라고 늘 장담하셨는데, 저 진짜 많이 달라졌어요."

"그래, 뭐가 달라졌나?"

"지난번에 제가 어떤 점이 변했는지 점검해 보겠다고 했잖아요. 그러면서 찬찬히 그동안 공부한 걸 되돌아 봤거든요. 음……, 그 변화를 한마디로 말씀드리면 여유가 생겼어요."

"그래? 어떤 여유인지 궁금하네?"

"가장 크게는 빨리 성과를 내야 한다는 조급함이 줄면서 일을 조금은 더 찬찬히 보게 되었고, 제가 독단적으로 결정하기 전에 구성원들 얘기를 일단 듣게 됐어요. 그러다 보니 구성원들을 혼내는 일이 많이 줄었어요. 무엇보다 구성원들이 저보다 더 좋은 의견을 제시하는 경우가 많아진 게 가장 큰 변화예요. 물론 예전 모습을 아직도 자주 보이지만, 그래도 꾸불꾸불 앞으로 나아가고 있다는 생각이 들어요."

"꾸불꾸불 나아간다는 표현이 참 정겹네. 그 표현에서 꾸준히 노력하는 자네 모습도 보여. 내가 정말 기뻐."

"거울을 보는 것도 점점 깊어지는 것 같아요. 코치님이 눈이 깊어진다고 하셨잖아요. 제가 거울을 보며 제 안을 지긋이 바라보고 있다는 느낌이 들거든요. 그렇게 지긋이 보니까 그동안 수동적으로 살아왔지만 그만한 가치도 있고 의미가 있었다는 생각이 들었어요."

"시간이 지날수록 놀라운 발견을 하고 있네, 그래. 사람은 누구나 온전한(holistic) 존재라는 게 중요한 코칭 철학이거든. 자네가 지금 그걸 깨달은 거라네. 약점이 있는 대로 우리 모두 온전한 거야."

"사실 코치님을 만나기 전에는 제 부족한 부분만 보여서 괴로웠거든요. 그런데 지금은 있는 그대로 저를 보기 시작하니까 '그래, 나는 이런 게 강점이고, 이런 게 약점이지.' 하고 인정하면서 홀가분해지더라고요."

"그래서 자네가 구성원들을 대할 때도 여유가 생겼구먼."

"맞아요. 제가 저를 편하게 보게 되니까 구성원들을 볼 때도 저 친구는 저게 강점이고 저게 약점이지 하는 마음으로 보게 되었어요."

"자네의 변화를 지켜보는 일이 너무 감동스럽네."

"제가 코치님께 감사할 따름이지요. 그건 그렇고 오늘 어떤 공부를 하게 될지 궁금했어요. 피드백을 수용하지 않으면 어떻게 해야 하는 건가요?"

4단계의 알아차림이 필요하다

"그 얘기를 하기 전에, 아까 여기 오면서 자네가 나한테 예전과 달라진 점이 뭐냐고 물었을 때 내가 자네가 못생겨졌다고 얘기했잖아. 그때 기분이 어땠나?"

"솔직히 별로 좋지는 않았어요."

"내가 오늘 공부할 내용 때문에 일부러 좀 과하게 답을 했어. 미안하네. 우리가 나름 자료를 준비해서 피드백을 하지만 그 피드백이 상대방에게 수용될 수도 있고, 되지 않을 수도 있다는 걸 오늘 얘기하겠다고 했잖아? 긍정적 피드백이야 그럴 일이 거의 없지만 부정적 피드백은 상대가 예상하지 못했던 반응을 보일 수 있거든."

"아, 상대의 기분을 느껴 보게 하신 거였군요?"

"맞아. 자네도 임원에게 피드백을 받지 않나? 그때 기분은 어떤가?"

"불편하지요. 긴장도 되고. 특히 요즘은 일이 잘 안 풀리다 보니 기분 상하는 일이 태반입니다."

"그럴 거야. 피드백이 일반적으로 잘한 일보다는 잘 못한 일에 대해 이뤄지기 때문에 부정적인 감정이 바로 일어나기가 쉽지. 게다가 사람은 자신의 부정적인 모습보다 긍정적인 모습을 더 크게 인식하기 때문에 부정적인 얘기를 들었을 때 받아들이기가 쉽지 않아."

"자기 자신에 대해서는 더 관대하다는 얘기네요."

"맞아. 또 하나, 심리학 이론에 따르면 자아(ego)가 위협받는 상황이 되면 자신을 보호하기 위한 심리적 방어기제(defense mechanism)가 작동한다고 해. 이 방어기제가 부적절하게 작동하면 피드백의 수용을 방해할 뿐만 아니라 관계까지 나빠지게 되지."

"피드백을 할 때 상대가 불편해하고 방어하려고 할 거라는 걸 미리 예상하면 좀 더 적절하게 피드백을 줄 수 있겠네요."

"그렇지. 바로 그런 이유에서 피드백 수용에 대해 알아보자고 한 거야. 자, 사람들이 불편한 피드백을 받았을 때 어떤 반응이 일어나는지 보게나."

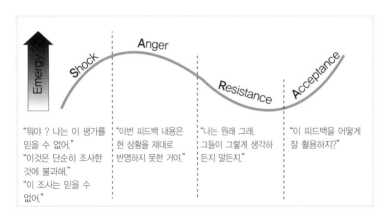

"뭐야 ? 나는 이 평가를   "이번 피드백 내용은   "나는 원래 그래.   "이 피드백을 어떻게
믿을 수 없어."   현 상황을 제대로   그들이 그렇게 생각하   잘 활용하지?"
"이것은 단순히 조사한   반영하지 못한 거야."   든지 말든지."
것에 불과해."
"이 조사는 믿을 수
없어."

피드백에 따른 자연 반응(SARA 곡선)[1]

"불편한 피드백을 받으면 사람들이 충격을 받았다가 화가 났다가 저항

했다가 수용하는 네 단계를 거친다는 거네요?"

"응. 자신이 원하지 않는 얘기를 들었을 때 대부분의 사람이 이

과정을 거치지. 아까 내 말을 들었을 때 자네는 어땠는지 저 곡선

에 비추어서 얘기해 볼까?"

"음……, 약하지만 비슷하게 겪은 것 같아요. 코치님이 저보고

'못생겨졌다'고 했을 때, 좀 놀랐거든요. 그러면서 '코치님이 뭔가

표현을 잘 못하신 거야.'라는 생각을 했어요. 코치님이 제 질문에

좋은 말을 해 주실 거라는 기대가 있었나 봐요."

"그렇지. 약하긴 하지만 충격을 받은 거군. 그다음에는 어떤 생

---

1) Adapted from Feedback Toolkit, Rick Maurer (1994).

각이 들던가?"

"코치님을 잘 아니까 고의로 저를 폄하하려고 하는 건 아니라는 생각이 들었지만 그래도 순간적으로 기분이 나빴어요."

"'화'를 경험했구먼. 어떤 저항이 있었을까?"

"우리 아이 눈에는 그렇지 않다는 유치한 얘기를 하게 된 게 '저항' 아닌가요?"

"맞았네. 그다음은?"

"코치님과 더 얘기를 나누면서는 왜 그런 표현을 쓰셨는지 이해하게 되었으니 이게 '수용'이네요."

"그렇지."

"이렇게 소소한 피드백에도 감정의 흐름이 곡선을 이루며 흘러가는데, 일에 대해서 무겁고 부정적인 피드백을 받을 때는 오죽할까 싶어요."

"맞아. 이런 모습은 암환자처럼 받아들이기 어려운 상황에 처했을 때도 마찬가지로 진행되지. 우리는 크든 작든 우리가 받아들이기 힘든 일에는 이러한 과정을 거치지."

"피드백을 받을 때 네 번째 단계로 바로 가서 수용을 탁 해 버리면 좋겠지만, 그런 일은 누구에게도 쉽지 않네요."

"피드백을 했을 때 누구나 이런 과정을 거친다는 것을 알면 기다려 주게 되지."

"혹시 코치님도 그런 경험이 있으세요?"

"당연하지. 회사를 옮기니 내 눈에는 바로잡아야 할 것들 투성이더라고. 시스템이 너무 허술한 거야. 그래서 조목조목 짚어가며 개선하도록 지시했지."

"반응이 어땠나요?"

"자네 예상대로야. 처음에는 나쁘지 않았어. 내 말을 잘 받아들이는 것 같았어. 그래서 밀어붙이면 될 줄 알았는데, 얼마 지나지 않아 삐걱거리기 시작하더라고."

"지금의 제 상황하고 비슷해요. 그래서 어떻게 됐나요?"

"나는 점점 더 강압적으로 일을 추진했어. 리더가 구성원들에게 흔들리면 안 된다는 생각이 강했거든. 그야말로 포스(Force)를 사용한 거지. 그랬더니 일을 잘한다고 인정받던 구성원들이 하나둘 떠나더라고. 부서 분위기는 점점 가라앉고. 그때 내가 위기감을 느끼고 코칭 공부를 본격적으로 하게 됐지."

"그러셨군요. 공부를 하면서 어떤 게 달라지셨나요?"

"그때 이 SARA 곡선을 알게 됐거든. 이걸 보니까 내가 상대를 생각하지 않고 급하게 밀어붙이기만 했다는 걸 알게 됐어. 조금만 상대의 감정을 이해하고 기다렸으면 서로 더 좋은 합의점을 찾을 수 있었는데 말이야."

"어떻게 하면 상대를 기다려 줄 수 있나요?"

"이런 질문을 던지면 그 시간을 만들 수 있어."

피드백 수용 거부 시 활용할 질문

- 지금 이 피드백에 대한 기분은 어떤가요?
- 어느 부분이 특히 수용하기 어렵습니까?
- 당신은 그 부분에 대해서 어떻게 생각하는지요?
- 피드백 중에 자신이 수용할 수 있는 긍정적인 부분은 무엇인 가요?
- 피드백 내용이 개선된다면 당신에게 어떤 새로운 기회나 가능 성이 펼쳐질까요?
- (그 부분에 대해) 내가 도와줄 사항은 없나요?

"역시 질문의 힘이 느껴지네요. 저런 질문을 하면 상대가 자신을 돌아보고, 또 더 구체적으로 표현할 기회도 주는 거네요."

"저 질문을 던지고 나누는 과정에는 우리가 이제까지 공부한 경청과 대화기법 등을 활용해야 한다는 건 알겠지?"

"당연하지요. 그런데 아무리 저런 질문을 던지며 상대에게 생각할 시간을 준다 해도 그 자리에서 얘기가 제대로 안 될 수도 있지 않을까요?"

"맞아. 그럴 때는 이렇게 말하면서 시간을 더 가지는 게 좋아."

언제 다시 이 피드백에 대해서 깊이 있게 이야기를 나눌까요?

"아, 이런 질문을 던지면 처음에 던진 질문을 상대가 더 진지하게 고민하게 되겠네요."

"그렇지. 그리고 자신을 존중한다는 느낌도 받지."

"그런데요……, 저렇게 질문을 던지고 시간을 갖고 다시 만나서 또 얘기를 나누는데도 계속 겉돌고 자기 속내를 얘기하지 않으면 어떻게 하죠?"

"중요한 질문이야. 이렇게 계속 호기심을 갖고 질문하는 모습이 보기 좋아. 리더는 열심히 준비해서 피드백을 하는 데 뭔가 계속 맴맴 도는 경우가 있어."

"그럴 때는 상대가 피드백을 회피하는 거 아닌가요?"

"바로 그거네. 그런데 왜 회피할까?"

"음……, '난 당신과 얘기하고 싶지 않습니다.' 뭐 이런 표현 아닌가요?"

"그렇지. 얘기하고 싶지 않다는 건 신뢰가 쌓이지 않은 경우가 가장 많아."

"아~! 다시 처음으로 돌아가야 하는 거네요? 신뢰 없는 피드백은 무의미하다고 하셨잖아요."

"바로 기억해내는군."

"음……, 시간이 걸리더라도 신뢰부터 쌓아야겠네요.

피드백을 요청하는 용기를 발휘하라

"맞아. 진정성을 갖고 접근해야 하는 거지. 리더가 피드백을 수용하는 모습을 보이는 것도 신뢰를 쌓는 데 크게 도움이 될 거야. 그렇게 되면 피드백을 주고받는 걸 자연스럽게 만드는 데 중요한 계기가 되겠지."

"제가 먼저 수용하는 모습을 보이라고요?"

"응. 자네 구성원들에게 피드백을 요청한 적 있나?"

"요즘 회사에서 360도 평가를 하니까 그걸 통해서 피드백을 받고 있고, 별도로 구성원들에게 피드백을 요청한 적은 별로 없는 것 같아요. 별로가 아니라 아예 없네요."

"그랬을 거야. 리더가 적극적으로 피드백을 요청하고 받으면 그 조직의 피드백 문화에 매우 큰 영향을 미치지. 『논어』의 「위령공편」에 '기소불욕(己所不欲)이면 물시어인(勿施於人)'이란 말이 나와. 즉, 내가 하고 싶지 않은 일은 다른 사람에게도 시키지 말라는 거야. 피드백 받는 구성원 마음을 리더가 먼저 알아야 피드백도 잘 주지 않겠나?"

"한 대 얻어맞은 기분이에요. 저는 이제까지 어떻게 하면 구성원들에게 피드백을 잘할까만 생각했지 제가 피드백을 어떻게 받을 것인가는 전혀 생각하지 못했어요."

"그랬을 거야. 자, 자네 팀의 피드백 문화는 다음 중 어느 단계인가?"

1단계	**피드백하기를 머뭇거리는 단계(Feedback Silent Culture)** • 다른 사람의 일에 상관하지 않고 내 일만 하겠다. • 침묵이 최선이다.

2단계	**피드백을 주는 단계(Feedback Giving Culture)** • 불편한 일이 생기면 피드백을 주려고 시도한다. • "우리 좀 더 잘하기 위해 얘기 좀 하면 어떨까요?"

3단계	**피드백을 수용하는 단계(Feedback Receiving Culture)** • 다른 사람의 피드백을 기꺼운 마음으로 받아들이고, 도전의 기회로 삼는다. • "당신 얘기 잘 알아듣겠습니다. 더 성찰하고 성장의 기회로 삼겠습니다."

4단계	**적극적으로 피드백을 추구하는 단계(Feedback Seeking Culture)** • 서로의 성장을 위해 열린 마음으로 피드백거리를 찾는다. • "내가 당신의 파트너로서 더 잘할 수 있도록 한 가지 말해 줄래요?"

피드백 문화의 성숙도[2]

---

2) http://kahneraja.com(2016).

"음……, 조직의 피드백 문화도 성장 단계가 있네요. 솔직히 코치님을 만나기 전에는 딱 1단계였어요. 다른 사람의 일에 상관하지 않고 침묵이 최선이라고 생각하는 분위기였어요. 지금은 그래도 2단계 초입에는 온 것 같아요. 조금씩이지만 개선할 점이 보이면 서로 의견을 주고받으려고 노력하거든요."

"그렇군. 그러면 피드백을 수용하고 성장의 기회로 삼고자 하는 3단계도 어느 정도 동시에 진행되고 있다고 봐야겠구먼."

"네. 그런 것 같아요. 저 마지막 단계인 적극적으로 피드백을 추구하는 단계가 되면 정말 에너지 넘치는 조직이 되겠어요."

"맞아, 함께 성장하는 4단계로 가기 위해 가장 필요한 건 리더의 모델링이야."

"리더부터 솔선수범하라는 얘기네요. 어떻게 하면 피드백을 적극적으로 요청하고 받을 수 있게 되나요?"

"지금까지 배운 것을 기초로 자네가 한번 정리해 보면 어떨까?"

"공을 저한테 넘기시는군요. 핵심을 요약해서 정리하면……."

자기를 잘 성찰하고 탐색하며,

잘 듣고 수용하고,

SARA 곡선을 이해하며,

내 의견을 얘기하고, 또 피드백해 줄 것을 요청한다.

"역시 내용을 잘 이해하고 소화시켜 가고 있네. 자, 오늘 나눈 얘기가 어땠나?"

"피드백을 받을 때 상대가 어떤 감정을 갖는지 이해하게 된 것도 의미 있었지만, 무엇보다 피드백을 받을 줄 아는 사람이 되는 게 더 중요하다는 걸 알게 됐어요. 그렇게 해서 피드백을 자유롭게 주고받는 조직 문화를 만들어 보고 싶어요."

"한 발씩 나아가고 있잖아. 드디어 마지막 미팅을 남겨 두고 있군. 피드백 메시지는 잘 작성하고 있나? 대상이 누군가?"

"제가 가장 풀고 싶은 두 사람이요."

"최 차장과 김 과장이구면."

"맞습니다. 두 사람과 풀리면 제가 가진 다른 문제도 연달아 풀릴 것 같거든요."

"그럼, 기대하겠네. 2주 뒤에 보세."

강 팀장의 피드백 성찰 **Note**

오늘의 느낌

- 사람의 감정이 중요하다는 생각을 안 하고 살았는데, 박 코치님과 공부를 하면 할수록 감정이 일을 그르치기도 하고 풀기도 한다는 걸 알게 됐다.
- 피드백 코칭 역량을 배우면서 나도 모르는 사각지대가 조금씩 열리는 것 같다.

기억할 내용

- 부정적인 피드백을 받으면 누구나 방어기제를 작동시킨다.
- 이 경우 수용하기까지 '충격–화–저항–수용(SARA)'의 단계를 거친다.
- 피드백을 수용할 줄 아는 리더를 넘어 적극적으로 피드백을 요청하는 리더가 되자.

피드백을 잘 받을 줄 알아야 잘 줄 수 있다

1. 피드백을 수용하는 모습을 먼저 보이라

피드백은 피드백을 주는 사람과 받는 사람이 있게 마련이다. 어느 것이 더 중요한지는 상황에 따라 다르다. 잘 들을 줄 아는 사람이 다른 사람을 잘 설득할 수 있는 것과 같이 피드백을 받을 줄 아는 태도와 성품을 갖춘다면 관계 맺기에서 신뢰의 기반이 된다.

2. 피드백 수용이 어려운 이유

심리학자들에 따르면 사람들은 일반적으로 자기 자신을 긍정적으로 인식하려는 경향이 있다고 한다. 그런데 피드백으로 인해 자신이 바라보고 싶지 않았던 자신의 모습, 실수하고 실패하는 자신의 모습이 드러나 버린다. 이러한 이유로 사람들은 보통 피드백을 기피한다.

3. 피드백 수용 단계

상대방의 피드백을 들을 때 자기 내면의 변화가 다음과 같이 흐른다는 것을 이해해야 한다. 1단계는 충격(Shock)을 받고, 2단계는 화(Anger)를 내며, 3단계는 저항(Resistance)한다. 4단계에 와서야 사람들은 수용(Acceptance)하게 된다.

4. 팀의 피드백 문화 조성

팀의 피드백 문화가 성숙되기까지는 4단계 과정을 거친다. 1단계는 피드백하기를 머뭇거리는 단계(Feedback Silent Culture), 2단계는 피드백을 주는 단계(Feedback Giving Culture), 3단계는 피드백을 수용하는 단계(Feedback Receiving Culture), 4단계는 적극적으로 피드백을 구하는 단계(Feedback Seeking Culture)이다. 4단계에 이르면 구성원들끼리

책임감을 갖고 진정성을 담은 피드백을 활발하게 주고받으며 소통하게
된다. 무엇보다 리더가 솔선수범해서 피드백을 요청하는 태도가 팀의 피
드백 문화를 성숙시키는 지름길이다.

상대를 진정으로 고무시키는 피드백을 하라

"자네처럼 자신감이 높거나 경험이 많은
사람에게는 개선 피드백이 더 적절하지."
"개선 피드백은 문제를 일으킨 사람한테만
하는 거라고 생각했는데 그렇지 않은가 봐요?"
"사람이 성장하는 데 개선 피드백이 더 도움이 되거든."

금요일 오후에 박 코치가 문자로 새로운 약속 장소의 주소를 보내왔다. 오늘은 다른 코치들이 교육 프로그램을 진행하고 있어서 사무실을 사용할 수 없으니 장소를 옮기자고 했다. 만나기로 한 장소는 걸어서 15분 남짓한 거리에 있었다. 차를 타고 자주 다니던 길인데 걸으면서 보니까 안 보이던 게 보인다. 언제 생겼는지 작은 골목 안으로 티베트 음식점이 보인다.

　티베트라는 단어를 보니 얼마 전 그곳으로 배낭여행을 하고 왔다는 후배가 떠올랐다. 아이도 어리고 회사 일도 바쁜 상황에서 강 팀장에게 배낭여행은 먼 미래 얘기처럼 여겨졌지만, 문득 계획이라도 세워 보자는 생각이 들었다. 즐거운 상상에 취해 걷다 보니 박 코치가 말한 사무실에 도착했다. 스페이스C라는 이름의 공유 사무실이었다. 박 코치 이름을 댔더니 작은 미팅룸으로 안내해 주었다. 칠판으로 쓸 수 있는 벽면과 디스플레이가 설치돼 있는 깔끔한 공간이었다.

"어어~, 강 팀장, 먼저 와 있었네. 찾아오기 어렵지는 않았나?"

"오셨어요? 요즘 스마트폰만 있으면 못 찾는 곳이 어디 있나요?"

"하하, 그렇지. 이런 공유 사무실은 와 본 적 있나?"

"이런 곳이 있다는 말은 들었지만 처음 와 봐요. 코치님은 자주 이용하십니까?"

"최근 회사에 부쩍 행사가 많아져서 가끔 사용하게 됐어."

"들어오면서 얼핏 보니까 저 안으로 작은 방들이 이어져 있던데, 뭐 하는 곳입니까?"

"작은 방 하나가 회사 하나야. 회사를 창업하는 사람들이 많이 이용한다고 하더라고. 저 작은 방마다 기대와 희망이 가득 차 있는 거지."

강 팀장은 졸업하고 바로 지금 회사에 입사했기 때문에 창업을 생각해 본 적이 없었다. 안정된 직장에서 매월 통장에 들어오는 돈으로 생활을 해 왔는데, 창업하는 사람들을 생각하니 그들이 느끼는 설렘과 불안이 전해지는 것 같았다. 창업하는 일이 언젠가 자신의 일이 될 수도 있겠다는 생각이 들었다.

"코치님, 감사합니다."

"뜬금없이 그게 무슨 소린가?"

"코치님을 만나고부터 제 안의 세상이 넓어진다는 생각이 들거든요. 제가 만들어 놓은 제 삶의 울타리 속에서 앞만 보고 달려왔는데, 울타리가 점점 넓어지고 심지어 울타리를 넘고 싶다는 생각도 하게 돼요. 코치님 덕분이에요. 울타리 너머에 어떤 일이 펼쳐져도 담담하게 맞닥뜨릴 것 같은 자신감도 생겼어요."

"허허허. 최근에 들어본 말 중 가장 기분 좋은 말이네. 자네 안에 있는 풍부한 자원과 창조성을 발견했구먼. 코칭에서는 사람은 누구나 온전한(holistic) 존재라고 본다고 했잖아. 여기에 더해서 사람은 누구나 자원이 풍부하고(resourceful), 창의적인(creative) 존재라고 보고 있어. 자네가 지금 코칭에서 보는 사람에 대한 철학 세 가지를 모두 경험한 거야."

"그냥 코치님을 만나면서, 또 거울을 들여다보면서 생각한 것을 말씀드린 건데, 그렇게 의미를 부여해 주시니까 제가 뭘 엄청 잘한 사람 같잖아요."

"사람 보는 눈이 달라졌잖아. 무엇보다 자네 안에 있는 힘들을 잘 찾아서 끌어올리는 걸 보는 게 너무 기쁘네. 그래, 피드백 메시지는 어떻게 써 왔나?"

긍정 에너지를 펌핑하는 강화 피드백

(F) 피드백 근거(Factors)	(I) 영향(Impact)	(R) 요청사항(Request)
자료, 내용, 상황, 행동	과거 · 미래/긍정 · 부정	하나씩/통제 가능
베트남 업체에서 수입한 원료 불량으로 인해 자사 제품 생산에 차질이 생김 그 상황에서 해당 업체에게 손실을 전가하지 않고, 자사도 손실을 입지 않을 방안을 찾아냄	베트남 업체와 신뢰 관계가 돈독해져서 추후 더 좋은 조건으로 납품 받게 되어 수익률 향상이 기대됨	앞으로도 업체와 돈독한 관계를 유지해서 상생 방안을 함께 찾기를 기대함

김 과장, 피드백 메시지–강화 피드백

"김 과장에게는 강화 피드백을 준비해 왔네? 개선 피드백을 할 거라고 예상했는데 말이야."

"네, 저도 그렇게 생각했는데 적다 보니까 김 과장과는 요즘 관계도 많이 좋아졌고 강화 피드백이 더 필요하겠다는 생각이 들었어요. 최 차장에게는 개선 피드백을 할 거고요."

"음⋯⋯, 항목별로 구체적인 사항을 잘 적었네. 좋았어. 그럼 강화 피드백에 대해 먼저 알아볼까? 강화 피드백 프로세스부터 보여주지."

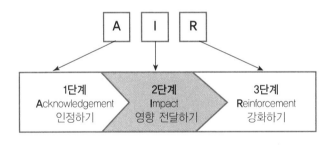

"1단계가 '인정하기'네요? 지난 시간에 배운 걸 말씀하시는 건가요?"

"맞아. 자네가 작성해 온 피드백 메시지를 가지고 해 보는 거야. 자, 김 과장이 앞에 앉아 있다고 생각하고 해 봐. 이 빈칸을 채워 보게."

1단계: 인정하기(Acknowledgement)

"이번에 K업체 납품 건을 잘 해결해 준 것에 대해 감사하고 있습니다."

"음······, 괜찮은가요?

"잘했어. 다음 단계로 가자고."

2단계: 영향 전달하기(Impact)

"김 과장의 이번 성과는 수익의 측면도 중요하지만, 어려운 상황을 포기하지 않고 풀었다는 측면에서 거래업체의 신뢰를 크게 얻었다고 봅니다. 회사의 이미지에도 좋은 영향을 미쳤고요."

"이번에도 잘했죠?"

"하하. 그래. 자~, 마지막 3단계는 뭐라고 할 건가?"

3단계: 강화하기(Reinforcement)

"내가 어떻게 도와주면 김 과장이 앞으로도 이런 성과를 계속 내게 될까요?"

"이렇게 하는 게 강화하기 맞죠?

"아주 잘하고 있어. 여기에 이런 걸 추가하면 더 효과적이야."

"어떻게 해서 그런 성과를 낼 수 있었는지 궁금합니다. 기회 있으면 그 과정을 모든 팀원과 공유해 주면 좋겠습니다."

"아, 이렇게 하면 상대가 자기 성과에 대해 신나게 얘기하겠네요."

"그렇지. 그 얘기를 하면서 스스로 더 잘하겠다는 의지도 생길

거야. 다만 강화 피드백도 주의해야 할 점이 있어."

"주의해야 할 점이요? 뭔가요?"

"강화 피드백은 완급 조절이 중요해. 특별한 재능이나 능력에 대해 계속 강화 피드백을 주면 나중에는 통제가 안 되고 더 이상 노력을 안 할 수도 있거든. 그러니까 상대를 잘 살펴가면서 해야 해. 또한 저성과자한테는 지양해야 하고."

"강화 피드백도 무조건 많이 한다고 좋은 게 아니네요."

다시 열정을 일깨워 주는 개선 피드백

(F) 피드백 근거(Factors)	(I) 영향(Impact)	(R) 요청사항(Request)
자료, 내용, 상황, 행동	과거 · 미래/긍정 · 부정	하나씩/통제 가능
신규시장 개척에 소극적임 신규시장에서의 매출 비중을 10%까지 올리자고 했는데 현재 2% 수준에 머무르고 있음	기존 시장에서 발생하는 전체 매출은 아직 줄어들고 있지 않지만, 영업이익이 지속적으로 하락하고 있음 신규시장을 개척하지 못한다면 사업 자체가 위기를 맞을 가능성이 있음	신규시장에서의 매출 비중을 당초 목표대로 10% 이상 달성해 주길 바람

최 차장, 피드백 메시지-개선 피드백

"응. 자네처럼 자신감이 높거나 경험이 많은 사람에게는 개선 피드백이 더 적절하지."

"어? 진짜요? 개선 피드백은 부정적인 얘기를 해야 하니까 문제를 일으킨 사람한테만 하는 거라고 생각했는데 그렇지는 않은가 봐요?"

"사람이 성장하는 데 개선 피드백이 더 도움이 되거든."

"그러니까 개선 피드백은 좋은 관계를 유지하면서 할 수 있다면 조직 성장에 더 효과적이라는 얘기네요. 하지만 아무리 성장하는 데 도움이 된다 하더라도 싫은 얘기를 해야 하는 상황이니까, 강화 피드백보다 훨씬 어렵게 느껴져요."

"맞아. 그래서 '2014 ASTD 자료'에 따르면 개선 피드백의 38%는 결과가 좋지 않다고 해."

"개선 피드백은 자칫 지적이나 비난으로 받아들일 수 있으니까 이런 결과가 나오는 거겠죠?"

"그래서 바로 피드백 코칭이 필요한 거야. 피드백 코칭은 경청, 인정, 공감 등으로 따뜻하게 상대를 수용해 주기도 하지만, 요청하기, 메시징하기를 통해 강력하게 도전하게 하고 개선하게도 하니까 말이야."

"때로는 강하게, 때로는 부드럽게. 상황에 따라서 적절하게 잘 사용해야 한다는 거네요."

"맞아. 특히 개선 피드백은 문제를 가진 사람이 문제를 바로잡도록 하는 것이기 때문에 더 적절하게 조합해서 사용해야 해."

"코치님과 얘기를 나누다 보니 개선 피드백은 종합예술처럼 느껴지는 걸요. 이제까지 공부한 것을 토대로 새로운 걸 창조해 내는 것 같아요."

"하하. 그 종합예술의 프로세스가 어떤지 보자고."

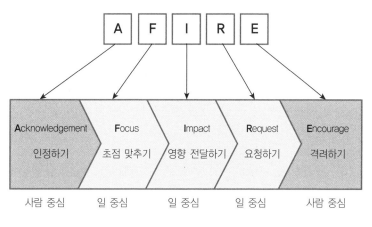

개선 피드백 프로세스

"강화 피드백 프로세스보다 조금 더 복잡하네요?"

"맞아. 어떤 게 다른지 찾아보게."

"'초점 맞추기'와 '격려하기'가 추가되었네요."

"맞았어. 또 없나?"

"강화 피드백은 'AIR'이고, 개선 피드백은 'AFIRE'잖아요. F와 E가 추가된 게 맞잖아요!"

"글쎄……."

"이상하다. 맞는데……?"

"영문 앞 글자는 같은데 내용이 다른 게 하나 있다네."

"찾았어요, R이 다르네요. 강화 피드백에서는 'Reinforcement', 그러니까 '강화하기'였는데, 개선 피드백에서는 'Request', 즉 '요청하기'네요!"

"맞았네. 강화 피드백은 잘한 일을 앞으로 더 잘하게 '강화'하는 것이라면, 개선 피드백은 행동을 바꾸도록 '요청'해야 해. '요청하기'를 할 때는 반드시 '확인, 재확인하기'를 함께해 줘야 한다는 거 잊지 말고."

"네. 명확하게 전달됐는지 반드시 확인하라는 거죠? 알겠습니다. 개선 피드백 프로세스에 추가된 '초점 맞추기'는 어떤 건가요?"

"피드백 메시지에서 작성한 근거를 토대로 피드백할 내용의 초점을 분명히 하는 건데, 그동안 일어난 사실이나 상대방이 한 행동에 초점을 맞춰 얘기하는 걸 말해."

"'초점 맞추기'를 개선 피드백에 추가하신 이유가 뭔가요?"

"물론 피드백할 내용의 초점을 분명히 하는 건 강화 피드백이나 개선 피드백이나 필요한 일이야. 하지만 강화 피드백에서는 첫 단계인 '인정하기'에서 상대방의 어떤 점을 강화할 것인지를 얘기하면서 초점을 맞추게 되지만, 개선 피드백에서는 '인정하기'에서 얘기할 내용에 초점을 맞추기보다는 관계를 부드럽게 만들기 위한 대화가 필요하거든."

"아, 그러면 똑같이 '인정하기' 스킬이지만 강화 피드백과 개선 피드백은 실제 내용에서 달라진다는 거네요."

"응. 맞아. 그건 자네가 실습하다 보면 내가 무슨 얘기를 하는지 더 잘 이해하게 될 걸세."

"그러면 또 하나 추가된 '격려하기'는 지난번에 배운 걸 활용하라는 거죠? 음……, 개선 피드백이 강화 피드백보다 더 어렵네요."

"맞아. 개선 피드백은 상대방이 더 민감하게 반응할 수 있으니까 접근도 더 조심스럽게 해야 하거든."

"그래서 강화 피드백 연습을 먼저 하게 하신 거였군요?"

"맞네. 이 개선 피드백 모델을 살펴보면 사람 중심의 스킬이 시작과 끝에 들어 있어."

"'인정하기'와 '격려하기'를 말씀하시는 거죠? 사람 중심 스킬이 일 중심 스킬을 앞뒤로 감싸고 있는 모양이네요. 아! 이 그림을 보니까 생각난 게 있어요."

"그래? 뭔가?"

"지난번에 피드백 코칭을 설명하실 때 보여 주신 샌드위치 그림이요. 그때도 피드백 코칭이 되기 위해서는 양 옆을 지지하는 빵이 가장 중요하다고 하셨잖아요. 중간에 컨설팅, 멘토링, 티칭이 들어가더라도 상대가 스스로 발견하도록 선택할 수 있도록 돕는 코칭 스킬인 빵이 벽을 튼튼하게 지탱하고 있어야 한다고."

"호오~, 중요한 걸 찾아냈구먼. 개선 피드백도 사람 중심의 스킬이 시작과 끝을 잘 받쳐 주어야 상대가 피드백 내용을 편안하게 수용하게 되는 거지."

"두 프로세스의 차이는 어느 정도 이해되긴 했는데, 실제로 해 봐야 잘 알게 될 것 같아요."

"좋아, 그럼 우리 최 차장 사례로 예술 작업을 시작해 볼까? 자, 첫 단계인 '인정하기'부터 해 볼까?"

"음……, 부정적 얘기를 하려고 하니까 인정할 말이 선뜻 떠오르지 않아요."

"강화 피드백보다 개선 피드백은 관계 맺기가 더 중요해. 그러니까 상대가 경계를 낮추고 편안한 상태에서 피드백 받도록 인정하는 과정이 있어야 해. 잘 생각해 보게나."

1단계: 인정하기(Acknowledgement)

"최 차장, 요즘 여러 가지 사건사고로 마음 고생이 많죠? 감사하고 있습니다."

"이 정도로 해도 괜찮을까요?"

"응. 적절했어. 그다음 단계도 해 보게."

"사실(Fact)과 행동(Behavior)에 초점을 맞추라고 하셨지요?"

2단계: 초점 맞추기(Focus)

"최 차장, 왜 신규시장 매출 비중이 목표 달성에 많이 못 미친 겁니까?"(×)

"설명하기 딱 좋은 답을 했네. 사실을 얘기할 때는 부정적 감정이나 불만을 나타내는 게 아니라는 거야. 자, 예를 들어 볼게. 어느 식당에 갔는데 식은 음식을 가져왔어. 이때 '따뜻하게 데울 필요가 있겠어요.'라고 말하는 건 불만을 표출하는 걸까? 아닐까?"

"으음……, 맞는 것 같기도 하고 아닌 것 같기도 한데요. 어려워요."

"여기에 감정적 요소가 들어가 있나? 중립적인가?"

"중립적이에요. 불만 표출이 아니네요. 그러면 불만은 어떤 건가요?"

"'나한테 어떻게 식어빠진 수프를 가져다줄 수 있죠?' 이러면 어떤가?"

"그건 불만 맞네요. 사실을 표현한다는 게 어떤 건지 이제 잘 이

해됐어요."

"조직에서 짧은 시간에 가장 효과적으로 적용할 수 있는 게 바로 이 중립적인 표현이야."

"음……, 중립적인 표현이 감정을 빼고 사실만 얘기하라는 거죠?"

> "보고가 왜 이렇게 늦은 겁니까?"(×)
>
> "보고가 늦었네요."(○)

"바로 그거야. 이제 다시 초점 맞추기를 해 보게."

> 2단계: 초점 맞추기(Focus)
>
> "최 차장, 지금까지 자료를 보니 신규시장 매출 비중이 목표에 8% 미달했네요."(○)

"이렇게 하면 되는 거죠?"

"그렇지. 그다음 미치는 영향에 대해서도 적어 봐."

> 3단계: 영향 전달하기(Impact)
>
> "최 차장, 목표를 달성하려고 노력을 하기는 한 건가요? 가장 능

력 있는 최 차장이 이렇게 하면 다른 사람은 어떻게 하라는 겁니까?"(×)

"음……, 제가 썼지만 이렇게 하면 안 될 것 같아요."

"개선할 부분을 스스로 알고 있구먼. 이럴 때 자네가 요즘 열심히 연습하는 역량을 활용하는 거야."

"제가 열심히 연습하는 거라면……, 아! 'I-Message'요?"

3단계: 영향 전달하기(Impact)

"최 차장, 이대로 가다가는 우리 사업팀이 전체 팀 중 꼴찌를 할까 봐 걱정입니다. 우리 팀 사기에도 영향을 미칠까 봐 염려되고요.(○)"

"고치고 나니 어떤가?"

"작은 차이인데도 듣는 사람의 기분은 확실히 다를 것 같아요. 전자는 공격받는 느낌이라면 후자는 도움을 구하는 말로 들려요."

"응. 맞아. 그렇게 되면 최 차장이 스스로 자기 생각을 돌아보게 될 거야. 그런 다음 내가 요청하고 싶은 사항을 말하면 상대가 수용할 가능성이 높아지지."

"I-Message를 사용하는 게 얼마나 중요한지 잘 알겠어요."

"맞아. '요청하기'에서 반드시 잊지 말라고 한 거 기억하나?"

"아! '확인, 재확인하기'를 꼭 하라고 하셨어요."

 4단계: 요청하기(Request)

- 기대 사항 요청하기: "이번 분기에는 신규시장 매출 목표 10% 를 꼭 달성해 주기 바랍니다.

- 확인·재확인하기: "지금까지 우리가 나눈 얘기를 다시 정리해 서 말해 주기 바랍니다(Confirm)."

- "네. 우리 파트에서 연초에 설정한 신규시장 매출 목표에 8% 미달한 것에 대해 우려하셨고, 이번 분기부터는 반드시 그 목 표를 달성하도록 요청하셨습니다. 저는 우리 팀 목표 달성에 누가 되지 않도록 신규시장 매출 목표 10%를 꼭 달성하도록 노력하겠습니다(Reconfirm)."

"저 잘했나요? 최 차장의 예상 멘트까지 써 봤어요."

"하하. 잘했네. 자, 마지막 '격려하기'까지 해 보게."

 5단계: 격려하기(Encourage)

 "최 차장 역할이 우리 사업팀에 매우 중요합니다. 저는 최 차장 의 역량을 믿기 때문에 함께 해외사업팀을 잘 성장시킬 수 있다고 기대합니다. 팀장인 내가 어떤 도움을 주면 목표 달성이 가능할까요?"

"우아~! 진짜 이렇게 마무리되면 좋겠어요."

"당연히 그렇게 될 거야. 더 좋은 상황이 펼쳐질 수도 있어. 긴 시간 고민하면서 해결하려는 의지를 계속 가슴에 안고 지내왔으니 꼭 그렇게 될 거야. 피드백할 때마다 이 체크리스트를 활용하면 자네의 피드백 역량을 성장시키는 데 도움이 될 거야."

피드백을 위한 진행 과정

1. 사전 준비 체크리스트

① 무엇을 위한 피드백인지 목적을 분명히 했는가? (성과 창출과 구성원 육성)

② 지금이 피드백할 타이밍인가를 살펴보았는가?

③ 피드백해 줄 상대방을 알고 있는가? (특성 및 신상 파악, 기여와 헌신 내용 등)

④ 피드백 목표, 과정을 충분히 이해하고 준비된 상태로 서로 미팅에 임했는가?

⑤ 피드백 주제와 종류에 따라 적절한 장소에서 열린 분위기를 조성했는가?

2. 진행 과정 체크리스트

① 개선 피드백을 할 때 그간 상대방의 기여와 헌신 내용을 인정·칭찬했는가?

② 상대방을 존중하고 상대방이 처한 여건을 배려하면서 이야기를 경청했는가?

③ 상대방으로 하여금 피드백 내용에 대해 먼저 이야기하도록 기회를 주었는가?

④ 사람에 대한 것(성격이나 태도 등)이 아닌 행동과 일어난 결과(그것도 과거에 누적된 것이 아니라 지금 또는 최근에 일어난)에 대해 구체적인 사실(Fact)에 근거해 얘기했는가?

⑤ 상대방은 자신의 행동과 결과가 미치고 있는 영향을 충분히 이해했는가?

⑥ 상대방이 자신의 수행 결과가 목표에 미진한 부분과 그 원인에 대해 충분히 이해했는가?

⑦ 상대방이 피드백 핵심 문제에 직면하도록 용기 있는 직접적인 대화를 했는가?

⑧ 요청할 부분은 분명히 했는가? 그 요청에 대해 상대방이 Yes 혹은 No 혹은 절충안으로 대체할 수도 있다는 것을 받아들였는가?

⑨ 상대방이 피드백 내용에 대해 부정적일 때도 감정적 안정감을 유지했는가? (특히 과거의 일을 들춰내며 질책하지는 않았는가?)

⑩ 상대방은 문제해결과 성과 향상을 위해 차후 행동과 생각을 어떻게 해야 하는지를 알아냈는가?

⑪ 상대방이 어떻게 해야 할지를 모를 경우에 대비해 이해를 돕기 위해 관련되는 몇 가지 예를 준비하고 대하는가?

⑫ 피드백이 끝나고 상대방이 자기의 생각과 다짐을 스스로 정리했는가?

⑬ 피드백이 끝났을 때 상대방에게 필요한 지원을 약속하고 잘할 수 있도록 격려했는가?

⑭ 상대방이 개선해야 할 부분뿐만 아니라 자신이 무엇을 잘했는지도 셀프 피드백을 하였는가?

3. 피드백 후 체크리스트

① 피드백해 주는 과정을 통해 상대방에 대해 더 많이 이해하게 되었는가?

② 피드백 과정을 통해 내가 어떻게 해야 상대방에게 도움이 되고, 나는 어떻게 성장해야 하는가에 대한 성찰이 있었는가?

③ 피드백 미팅 후 상대방이나 다른 사람을 피드백하거나 코칭할 때 활용할 수 있는 유용하고 새로운 정보 그리고 피드백 과정과 성찰한 것을 기록해 두는 시스템을 갖추고 있는가?

④ 차후 피드포워드 할 수 있는 요소를 발견했는가?

피드포워드로 나아가게 하고, 팔로우업으로 지속하게 하라

———

"이 체크리스트를 활용하면 피드백을 제대로 하고 있는지 아주 세밀하게 점검할 수 있겠어요. 감사합니다. 그런데 마지막에 '피드포워드 요소를 발견했는가?'라는 항목이 있는데 이 부분은 구체적으로 어떻게 해야 하는 건지 아직 잘 모르겠어요. 피드포워드는 미래에 초점을 맞춘 거라고 하신 건 기억나요."

"아주 중요한 부분을 잡아냈구먼. 피드포워드를 이해하기에 좋은 사례가 있는데 잠깐 읽어 보게나. 미국에서 교장 연수를 받고 있는 한 교사가 보내 온 거야."[1]

미국 공립학교 교장들은 대부분의 시간을 채용된 교사들과 협력하여 좋은 학교 문화를 만들고, 교사들을 코칭해 그들이 훌륭한 교사가 되도록 돕는 데 쓴다. 잭 웰치의 말처럼 미국 교장들은 자기 시간의 70%를 교사들의 역량 개발에 쏟아야만 교장도 살고, 교사도 살고, 학교도 산다고 생각한다. 만약 교장이 교사들을 제대로 코칭하지 못하면 학생들의 학업성취도가 떨어져 학교 평판이 나빠지

---

1) 정경화 코치 제공. 2019년 현재 노스 캐롤라이나 Wingate 대학교 석사학위과정 재학 중. Educational Leadership(교장 자격 훈련 프로그램) 전공. 인턴십 학교─ 초등학교·Lower Creek Elementary School, 중등학교·William Lenoir Middle School, 고등학교·Hibrighten High School.

고, 교사들은 나쁜 평가를 받게 되며, 교장은 해임당하기 때문이다.

미국의 교장들은 수업 중에 언제든지 교실을 방문하고, 최대한 오래 교실에 머무는 것을 미덕으로 여긴다. 이때 교장들이 교사들의 수업을 관찰하고 피드백하는 코칭 역량이야말로 교장들이 가장 열심히 갈고닦아야 하는 스킬이다.

교장은 매일 교실을 둘러보기는 하지만 매번 수업을 평가하지는 않는다. 교장은 수업을 공식적으로 참관하고 평가하기 전에 먼저 교사와 사전 미팅을 갖고 올해 역점을 두고 개선할 수업 방향과 그에 따라 필요한 역량이 무엇인지 합의하고, 그 역량을 살피기에 적합한 수업이 무엇인지, 그 수업을 언제 하게 되는지를 결정한 다음 약속된 날짜에 특정한 역량을 보기 위해 수업 전체 또는 부분을 참관한다. 참관이 끝나면 그 수업 역량에 대해 서로 의견과 아이디어를 주고받으며 이것을 더 잘할 방법이 무엇인지, 다음에 수업을 한다면 무엇을 다르게 할 것인지를 이야기한다.

"미국 공립학교 교장들은 피드백 코칭이 일상화되어 있고, 그렇지 않으면 살아남기 힘들다는 얘기네요."

"응. 미국은 주마다 교육 제도가 다른데, 이 사례는 노스 캐롤라이나주와 사우스 캐롤라이나주에서 경험한 얘기야."

"아! 피드포워드가 뭔지 이해했어요. 마지막 대목이죠? 수업 참관이 끝나고 수업 역량에 대해 교장과 교사가 의견을 주고받는 것이 피드백이고, 그날 한 수업을 어떻게 하면 더 잘할지에 대해 얘기를 나누는 게 바로 피드포워드네요."

"훌륭하군. 바로 그거야."

"피드백을 통해 문제점을 알게 되면 어떻게 할 건지 구체적으로 행동을 정해서 실행하네요. 미래에 초점을 맞춘다는 게 어려운 말이 아니었네요."

"맞았어. 내가 말을 좀 어렵게 했나 보군. 자, 그럼 이제 마지막으로 하나만 더 알면 돼. 이것 좀 보게."

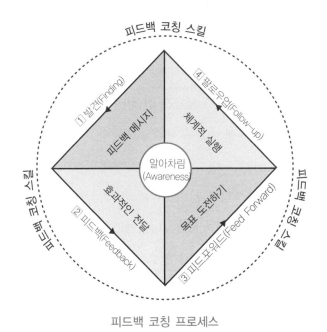

피드백 코칭 프로세스

"음……, 지난번에 보여 주신 건데, 발견, 피드백, 피드포워드까지 얘기했고, 팔로우업이라는 게 있네요?"

"응. 반드시 팔로우업이 있어야 체계적으로 실행하게 되거든."

"그러면 최 차장하고도 피드백에서 끝나는 게 아니라 매출을 올리기 위한 구체적인 행동 계획을 잡게 하고 그 계획이 제대로 실행되는지 꾸준히 팔로우업 하도록 제가 도와줘야 하는 거군요?"

"맞아. 그렇게 해야 비로소 진정한 피드백을 완성하게 되는 거지."

"이제까지 공부한 게 이렇게 마무리되는 거군요. 처음에 저 그림을 볼 때는 어려웠는데, 이제 보니 공부한 게 한눈에 정리돼요. 어? 그런데 저 중간에 있는 '알아차림'은 뭔가요? 저 용어는 처음 등장한 것 같은데요?"

"맞아. 처음 등장했지만 새로운 건 아니야. 피드백 과정에서 우리가 이제까지 공부한 역량을 제대로 적용하고 있는지 늘 알아차리라는 거야."

"이제 저도 알아차림이 뭔지 조금은 더 깊이 알 것 같아요. 피드백하는 나를 또 다른 내가 바라보라는 거잖아요. 감정에 휘둘리고 있지는 않은지, 원래 의도대로 진행하고 있는지를 떨어져서 보라는 거 맞죠?"

"이제 척 하면 바로 이해하는군."

"하하, 알아차림이 어떤 건지는 알겠는데, 막상 실천하는 게 쉽지는 않을 것 같아요. 신뢰가 쌓여 있는지, 어떤 수준에서 경청하고 있는지, 공간을 갖고 대화하고 있는지, 인정과 칭찬을 하고 있는지, 질문을 제대로 하는지, '나 전달법'으로 말하는지……. 이런 것들을 다 알아차려야 한다는 거잖아요."

"운전을 몸에 익히는 것과 비슷하다고 봐도 돼. 처음에는 복잡하고 어려워 보여도 몸에 익으면 내가 하고 있는지도 모르게 된다니까."

"그런 마술 같은 날이 어서 왔으면 좋겠어요. 피드백할 때마다 저 그림을 떠올리면 제가 옆길로 빠지지 않는지 되돌아볼 수 있겠네요. 제가 또 기억해야 할 게 있나요?"

"피드백, 피드포워드, 팔로우업을 하는 과정에서 스스로 꼭 격려해 줘야 해. 리더는 구성원들이 작은 변화를 만들어 낼 때마다 격려해 주고, 또 리더도 스스로 격려해 가며 앞으로 나아가지."

"한 발짝 나아가고 격려하며 용기를 얻어서 또 한 발 나아가고 그렇게 무한 성장한다는 말씀이시네요."

"맞아. 그렇게 하면 문제가 풀리는 수준이 아니라, 3년만 지나도 존재 자체가 달라질 거야. 난 자네가 얼마나 눈부신 모습으로 바뀔지 눈에 그려진다네."

"그렇게 말씀해 주시니 가슴에서 뭔가 뜨거운 게 올라오는 것 같아요. 피드백 코칭을 공부하면 스킬을 익히게 되는 건 줄 알았는데, 제 삶에서 가장 필요한 깨우침을 얻었어요. 이제 5분 동안 눈을 감으면 물리적 거울이 아니라 내면의 거울이 작동되는 걸 느낄 때가 많아요."

"늘 얘기하지만 내가 더 감사하다네. 나도 자네 덕에 내 공부를 더 체계화할 수 있었다니까. 무엇보다 자네의 성장을 지켜볼 수 있어서 행복했고."

"코치님이 저한테 이렇게 큰 가르침을 주셨으니 저도 더 멋진 리더로 거듭나는 건 물론이고, 제가 진정 원하는 삶이 어떤 건지 늘 알아차리면서 앞으로 나아가 볼게요."

"나도 자네의 변화가 기대된다네. 이제 빚도 갚아서 후련하기도 하고 말이야. 하하."

"스승님 같은 선배님, 절 받으십시오."

강 팀장의 피드백 성찰 **Note**

오늘의 느낌

- 박 코치님을 만난 인연에 대해 깊이 감사한다. 6개월 동안 나는 다른 사람이 된 것 같다.
- 박 코치님을 만나고 내 울타리가 넓어지는 걸 느낀다. 우리 구성원들에게도 그런 역할을 하는 리더가 되고 싶다.
- 피드백과 피드포워드를 자유자재로 할 수 있는 리더가 되고, 피드백과 피드포워드가 경쾌하게 오갈 수 있는 조직 문화를 만들고 싶다.
- 김 과장과 최 차장에게 피드백할 때 가장 중요한 건 진정성과 신뢰다. 마음을 열고 코칭에 도전해 보자.

기억할 내용

- 강화 피드백 프로세스는 A.I.R.이다. 즉, '인정하기' '미치는 영향 말하기' '강화하기'이다.
- 개선 피드백 프로세스는 A.F.I.R.E.다. 즉, '인정하고' '피드백 초점을 맞추고' '미치는 영향'을 공유하고, 필요한 것을 '요청'하고 '지원 격려'하는 종합예술이다.
- 피드포워드는 피드백에서 발견한 성장 포인트를 미래로 던져 내는 것이다. 그것을 가능하게 하는 목표를 설정하고 아이디어를 요청하고 실행하고 평가하고 재점검하는 과정이다.
- 아무리 피드백을 잘해도 그것을 추적 점검하는 팔로우업이 있어야 제대로 변화를 경험할 수 있다.

피드백을 피드포워드로 연결시키기

피드백 코칭 4단계

1) 1단계: 피드백 요인 발견하기

구체적 자료(Data)나 내용(Contents) 그리고 어떤 상황(Situation)에서 일어난 구체적인 행동(Behavior)에 근거(Factors)해야 한다. 이 단계에서는 전달하고자 하는 피드백 메시지를 정리하고 피드백해야만 혹시라도 일어날 수 있는 감정적 표현으로 인해 피드백 자체가 무효가 되거나 역효과를 일으킬 위험성을 제거할 수 있다.

2) 2단계: 피드백하기(Feedback)

① 강화 피드백(Reinforcement Feedback)

기대하는 것보다 더 좋은 결과를 창출했을 경우, 잘한 것을 더욱 잘하도록 동기부여 할 목적으로 해 주는 피드백이다.

강화 피드백 프로세스: A.I.R.(3단계)

1단계: 인정하기(Acknowledgement)

잘한 행동과 과정 또는 결과에 대해 언급하여 만족을 표현한다. 아울러 감사와 축하를 받는 것이 마땅하다는 것을 인정하고 설명할 기회를 준다.

2단계: 영향 전달(Impact)

이루어 낸 결과가 조직이나 다른 사람에게 어떤 좋은 영향을 주었는지를 설명해 준다.

3단계: 강화하기(Reinforcement)

기대했던 것보다 좋은 결과를 낸 것에 대한 과정을 설명하도록 하면서 비슷한 상황에 있는 사람에게 교훈을 주도록 하고, 아이디어를 얻도록 한다. 앞으로도 그러한 행동을 더 강화하도록 촉진하고 질문을 통해

서로 공유한다.

② 개선 피드백(Corrective Feedback)

개선 피드백이란 구성원의 말과 행동이 잘못되었다고 느꼈을 때 조직의 리더가 올바른 방향으로 이끌어 주는 일련의 행위이며, 무작정 꾸짖으며 공격하는 '질책'과는 다른 의미이다.

개선 피드백 모델: A.F.I.R.E.(5단계)

조직에서 리더가 구성원을 임파워링 해 줌으로써 구성원의 열정을 다시 불러일으켜 성과를 창출해 내도록 피드백과 코칭한다는 뜻으로 'Again FIRE'라고 부른다.

1단계: 인정하기(Acknowledgement)

피드백하기 전에 관심과 친밀감을 형성하는 단계이다. 앞으로 할 피드백 주제 외에 상대방이 평소 잘한 점, 기여하고 있는 점 등을 인정하고 칭찬해 준다.

2단계: 초점 맞추기(Focus)

피드백 시기가 적당한지 그리고 상대방과 무엇에 대해 이야기를 나눌지 대화할 초점을 맞춘다. 주로 사실과 행동에 초점을 맞춘다.

3단계: 영향 전달하기(Impact)

상대방이 한 잘못된 행동이나 업무 처리 등으로 인해 내가 느낀 감정과 파생된 영향에 대해 말해 준다.

4단계: 요청하기(Request)

기대했던 것보다 좋지 않은 결과를 만들어 낸 과정이나 행동을 변화하도록 요청하는 것으로, 요청하기 이후에 반드시 확인, 재확인하기를 한다.

5단계: 격려하기(Encourage)

피드백 받는 사람이 그 내용을 실현하기 위한 에너지가 필요한데, 이 때 리더의 격려 메시지가 큰 역할을 한다.

3) 3단계: 피드포워드 하기(Feedforward)

피드백은 현재 위치에 대한 정확한 인식을 목적으로 한다. 그럼에도 피드백으로만 끝난다면 평가나 비판의 느낌으로 마무리될 우려가 있다. 즉, 관점이 과거에서 시작해 현재까지에만 머무를 수 있다. 피드포워드에는 피드백에서 찾아낸 성장 포인트를 바탕으로 미래에 기대하는 도전 목표를 달성하기 위해 어떻게 해야 할 것인가에 대한 메시지가 있다.

4) 4단계: 팔로우업 하기(Follow up)

팔로우업은 피드백과 피드포워드를 통한 실행 결과를 지속적으로 추적 체크하는 것이다. 피드포워드의 대가인 마셜 골드스미스(Martial Goldsmith)는 피드백 이후 누가 변하고 누가 변하지 않았는지, 왜 사람이 변하는지, 변하지 않는지에 대해 알게 되었는데, 변화가 지속되도록 만드는 핵심은 팔로우업에 있다고 했다. 시스템적인 후속 조치가 있을 때 행동뿐 아니라 관점의 변화가 일어난다.

5) 공통 단계: 알아차리기

피드백을 하는 전 과정에서 그 무엇보다 중요한 중심 역할을 하는 게 있다. 바로 '알아차림'이다. 알아차림은 내면의 거울을 사용한다. 알아차림은 피드백의 매 단계마다 함께 일어나야 하며, 전체 단계가 잘 연결되어 있는지 알아차려야 한다.

자신을 향해 거울을 비추면서 피드백 주는 자신이 지금 무엇을 하고 있는지, 어떤 감정으로 전달하는지, 어떤 태도로 전달하고 있는지, 그리고 상대방은 어떻게 반응하고 있는지를 알아차리고, 유연하게 대처하고 있는지를 또 알아차리는 것이다. 다시 말해 나를 향한 알아차림과 상대를 향한 알아차림이 상호작용하며 일어나야 한다.

Real Story

강 팀장의 피드백 코칭 실전 사례

강 팀장의 피드백 코칭 노트 to 김 과장

강 팀장의 피드백 코칭 노트 to 최 차장

강 팀장, 피드백 코칭하다

보낸 사람: Kang75

받는 사람: Parkcoach

박 코치님, 지난주에 김 과장, 최 차장과 얘기를 나누었습니다. 마침 평가와 관련해 면담을 해야 하는 시기였기 때문에 자연스럽게 미팅을 할 수 있었어요.

상대적으로 부담이 덜한 김 과장에게 먼저 피드백을 했는데, 하고 나니 자신감이 생겨서 최 차장과도 이어서 피드백 미팅을 했답니다. 나름대로 그동안 공부한 걸 떠올리면서 했는데 제 생각에는 잘한 것 같습니다. 하하하. 미팅이 끝나면서 저도, 두 파트장도 후련해졌거든요.

파트장들이 후련해졌는지 어떻게 아냐고요? 그날 저녁에 회식을 하자고 요청해 왔거든요. 제가 늘 회식을 하자고 하면 따르기는 했지만 제안해 온 건 처음이었어요. 회식 자리에서 최 차장이 후련하다는 표현을 했어요. 그때 제가 얼마나 뿌듯했는지 아십니까?

코치님께 뭐라고 감사드려야 할지 모르겠습니다. 코치님과 함께 공부한 6개월이 앞으로 제가 어떻게 살아야 할지를 배운 최고의 시간이었습니다. 덕분에 새로 태어난 기분이라고 하면 또 민망하다고 하실 건가요?

제가 피드백을 끝내고 나눴던 얘기를 한번 정리해 봤습니다. 코치님께 보여 드리고 싶었거든요. 다음에 코치님 만날 때는 더욱 성장한 제 모습을 보여 드리게 될 것 같습니다. 기대하십시오.

강 팀장의 피드백 코칭 노트 to 김 과장

강 팀장: 김 과장, 요즘 수고가 많지요? 계속 출장 다니느라 힘들 텐데 몸은 괜찮은지요? (인정하기)

김 과장: 아, 괜찮습니다. 걱정해 주셔서 감사합니다.

강 팀장: 이번에 K업체 납품 건을 잘 해결해 줘서 진심으로 고마워하고 있습니다. 어려운 상황이었는데 어떻게 문제를 풀었는지 대단합니다. 비결이 뭔지 궁금합니다. (인정하기)

김 과장: 아, 그게……. 사실은 K업체의 R매니저와 제가 예전에도 비슷한 상황을 경험했던 적이 있었거든요. 그때는 K업체가 손실을 다 떠안았습니다. 그 일을 겪고 난 후 여러 달이 지났을 때 R매니저와 미팅하면서 대안 몇 가지를 함께 고민해 본 적이 있었어요. 둘이 머리를 맞대고 이런 일이 또 생기면 이러저러하게 해 보자 하며 얘기를 나눴던 건데, 이번에 사건이 터지자 그때 얘기 나눴던 아이디어가 기반이 돼서 실제로 해결 방법을 찾게 됐습니다. 이 방안을 찾기까지 며칠 동안 현장을 함께 뛰어다니면서 고민했는데, 방안을 찾을 수 있어서 저도 기뻤습니다.

강 팀장: 김 과장이 평소 거래업체 담당자들과 좋은 관계를 맺고 있다는 걸 나도 알고 있었는데, 그게 문제를 푸는 계기가 된 거였군요. (인정하기) 어떻게 하면 그런 관계를 유지할 수 있습니까? (강화하기)

김 과장: 제가 일을 해 보니까 문제를 푸는 건 사람과의 관계가 가

장 중요하더라고요. 그래서 거래업체 사람을 만날 때 되도록 솔직하고 진실되게 대하려고 노력하고 있습니다.

강 팀장: 그러셨군요. 이번 김 과장의 성과는 수익의 측면도 중요하지만, 어려운 상황을 포기하지 않고 풀었다는 측면에서 거래업체의 큰 신뢰를 얻었다고 봅니다. 회사 이미지에도 좋은 영향을 미쳤고요. (영향 전달)

김 과장: 그렇게 말씀해 주셔서 감사합니다.

강 팀장: 내가 어떻게 도와드리면 김 과장이 앞으로도 이런 성과를 계속 낼 수 있을까요? (강화하기)

김 과장: 아, 이런 걸 물어봐 주니까 기분이 이상합니다. 저는 이번에 팀장님이 제가 해결 방안을 찾을 때까지 기다려 주신 게 가장 좋았습니다. 예전에는 안 그러셨는데 말입니다. 앞으로도 그렇게 해 주시면 좋겠습니다.

강 팀장: 물론 그렇게 하겠습니다. 김 과장은 기다리면 해결책을 가져오는 사람이라는 믿음이 생겼습니다. 그런데 아까 기분이 이상하다고 했는데 어떤 의미로 그런 표현을 썼는지 물어봐도 될까요? (질문하기)

김 과장: 팀장님이 변한 것 같아서요. 뭐랄까……, 오늘 면담도 몇 달 전에 하던 것과는 너무 분위기가 달라요.

강 팀장: 하하. 예전에 나는 어땠습니까?

김 과장: 바로 지금 같은 질문을 하신 기억이 없습니다. 팀장님 생각이 확고해서 우리에게 의견을 묻는 일이 거의 없었는데, 요즘은 자꾸 생각을 묻고 들으려고 노력하는 게 느껴집니다. 그러니

까 예전의 면담 때는 일방통행······ 아, 이런 표현 써서 죄송합니다만, 사실 팀장님 생각을 듣기만 하는 시간이었지요. 아니면 혼이 나거나요······. 너무 솔직했나요?

강 팀장: 아닙니다. 솔직하게 얘기해 줘서 고맙습니다. 처음 사업팀을 맡다 보니 욕심이 앞서서 실적을 빨리 올리고 싶었습니다. 그래서 김 과장을 비롯해서 구성원들 얘기를 귀담아 듣기보다는 빨리 목표를 달성하도록 채근만 했나 봅니다. 부족했던 점을 사과하고 싶습니다.

김 과장: 아이쿠. 민망하게 사과까지 하고 그러십니까?

강 팀장: 내가 처음 해외사업팀으로 왔을 때 가장 고마웠던 분이 김 과장이었습니다. 가장 따뜻하게 대해 주고, 내 의견에도 긍정적으로 반응해 주었고요. **(인정하기)**

김 과장: 그렇게 기억해 주시니 감사합니다. 그런데 그 뒤로 제가 달라지지 않았나요?

강 팀장: 하하. 솔직히 그랬습니다. 사실 그래서 많이 힘들었습니다.

김 과장: 그러셨군요. 처음에는 저희와 소통을 하려고 노력하시는 것 같았는데, 점점 팀장님 생각만 말씀하시더라고요. 제 얘기가 받아들여지지 않는다고 생각하니까 저도 태도가 달라졌습니다. 힘들게 해드린 점 저도 죄송합니다.

강 팀장: 앞으로는 소통을 하려고 노력하다가 마는 일은 없을 겁니다. 내가 만약 그렇게 하면 김 과장이 솔직하게 얘기해 줄 수 있겠습니까?

김 과장: 저도 팀장님과 앞으로도 지금처럼 솔직한 얘기를 서로 나누면 좋겠습니다.

강 팀장: 나 또한 소통을 위해서, 우리 사업팀의 발전을 위해서 열심히 노력하겠습니다. 그런데 김 과장은 앞으로 어떤 부분에서 더 성장하고 싶습니까? (피드포워드 중 목표 세우기)

김 과장: 저는 지금 자재파트를 맡고 있지만 예전부터 마케팅까지 영역을 확장해 보고 싶었습니다.

강 팀장: 그랬군요. 마케팅까지 김 과장 영역이 확장되면 김 과장 삶에서 무엇이 달라질까요? (피드포워드 중 목표 세우기)

김 과장: 아, 예사롭지 않은 질문들을 던지시는데요. 음……, 거기까지 생각해 보지는 않았지만 생각만 해도 신이 납니다. 제가 더 유능해지고 쓸모 있는 사람이 될 것 같아요. 당연히 지금 하고 있는 자재 업무도 시야가 넓어지니까 더 업그레이드될 거고요.

강 팀장: 그 얘기를 하는 김 과장 표정이 아까보다 환해졌습니다. 나도 그렇게 되도록 돕고 싶습니다. 지금 하고 있는 일 속에서 김 과장 영역을 확장하기 위한 일을 행동에 옮겨 본다면 어떤 게 있을까요? (피드포워드 중 요청하기)

김 과장: 그렇게까지 말씀해 주시니 더 구체적으로 생각해서 말씀드릴게요.

강 팀장: 좋습니다. 언제쯤 나와 그 얘기를 나누면 좋을까요?

김 과장: 제가 출장도 여러 건 있고 하니, 한 달 뒤가 좋겠습니다.

강 팀장: 기다리겠습니다. 나도 기대됩니다.

강 팀장의 피드백 코칭 노트 to 최 차장

강 팀장: 최 차장, 요즘 여러 가지 사건사고로 고생이 많죠? 최 차장이 애쓰고 있다는 것 잘 알고 있습니다. (인정하기)

최 차장: 아, 아닙니다.

강 팀장: 그래도 최 차장 노력 덕분에 신규시장 매출이 소폭이지만 상승했습니다. 수고 많았습니다. (인정하기)

최 차장: 말씀하신 것처럼 소폭인걸요.

강 팀장: 음……, 내가 느끼기에는 최 차장이 나한테 뭔가 불만족스러워하는 부분이 있는 것 같습니다. 어떤 건지 물어봐도 될까요? (초점 맞추기, 질문하기)

최 차장: 아니, 그런 거 없습니다.

강 팀장: 그렇군요. 그러면 내 입장에서 염려되는 부분이 있으니 그 얘기를 좀 하겠습니다. 나는 최 차장이 요즘 회의에서 부정적인 반응을 보이는 경우가 자주 있다고 느끼고 있습니다. 회의에서 서로 합의된 방안을 도출하기가 힘든 경우가 많아서 안타깝습니다. (영향 전달하기, '나 전달법' 사용하기)

최 차장: 그렇게 말씀하시니 좀 억울합니다. 다른 의견을 낸다고 해서 꼭 부정적인 건 아니지 않습니까?

강 팀장: 네. 그렇게 생각할 수 있겠네요. 그러면 최 차장의 의도는 어떤 거였습니까?

최 차장: 조직이 성과를 내기 위해서 더 빠른 길이 있는데 돌아가고

있다는 생각이 들어서 화가 났던 겁니다.

강 팀장: 최 차장의 의도는 성과를 더 잘 내기 위한 거였군요. 성과를 내는 데 더 좋은 방안을 선택하지 않는 것에 대해 화도 나고요. 최 차장이 화가 나서 부정적인 반응을 하면 회의 때 어떤 일이 일어난다고 보는지요?

최 차장: 분위기가 싸늘해진다는 걸 저도 압니다. 솔직히……, 저를 보는 시선도 같이 싸늘해진다는 느낌도 받습니다.

강 팀장: 그랬군요. 그럴 때마다 최 차장도 힘들었겠습니다.

최 차장: 아……, 그렇게 말씀을 해 주시니까 제가 죄송하네요.

강 팀장: 내가 느끼기에는 최 차장도 회의 때 보이는 모습을 바꾸고 싶어 하는 것 같은데, 맞나요?

최 차장: 솔직히 바꾸고 싶은데 잘 안 됩니다.

강 팀장: 그렇군요. 바꾸고 싶은데도 잘 안 되는 이유는 뭘까요?

최 차장: 솔직하게 말씀드려도 될까요?

강 팀장: 물론입니다.

최 차장: 팀장님이 제 의견을 늘 못마땅해하니까 저도 자꾸 부정적인 반응을 보이게 되는 것 같습니다.

강 팀장: 아……, 내가 최 차장 의견을 마음에 들어 하지 않는다고 생각했군요? 어떤 일이 최 차장이 그렇게 생각하도록 만들었는지 좀 더 구체적으로 듣고 싶습니다. **(초점 맞추기)**

최 차장: 팀장님은 기존 거래업체를 대상으로 하는 마케팅에는 관심이 없어 보였습니다. 제 생각에는 신규시장 개척도 중요하지만 시간이 걸릴 수밖에 없습니다. 이 사업의 리스크를 줄이려면

기존 시장을 더 안정적으로 다지는 일이 중요한데, 팀장님은 제가 그 의견을 내면 부정적인 반응을 보이셨습니다.

강 팀장: 음……, 최 차장이 기존 시장의 안정화가 필요하다고 얘기하면 내가 부정적인 반응을 보여서 최 차장도 신규시장에 대한 내 의견에 긍정적으로 반응하기가 힘들었다는 거네요? **(진행 상황 명료화하기)**

최 차장: 네. 바로 그겁니다.

강 팀장: 그랬군요. 그러면 신규시장 개척에 대한 최 차장 생각은 어떤 겁니까?

최 차장: 그 부분에 대해서는 저도 팀장님 생각과 같습니다.

강 팀장: 아……, 그랬군요. 내가 최 차장을 오해하고 있었네요. 최 차장은 신규시장 개척은 필요 없다고 생각하는 줄 알았어요. 그래서 나도 최 차장에게 더 예민한 반응을 보였던 것 같아요. 미안합니다.

최 차장: 미안하다고 하시니 제가 뭐라고 말씀을 드려야 할지 모르겠습니다. 저도 그동안 잘한 게 없는데요.

강 팀장: 아닙니다. 정말 미안합니다. 솔직히 나는 최 차장이 내가 사업팀장으로 온 걸 반기지 않는다고 생각했거든요. 최 차장이 승진해서 이 자리를 맡을 수도 있는 상황에서 내가 온 게 아닐까 하는 생각도 했어요.

최 차장: 솔직히 처음에는 그런 생각을 했습니다. 회사에 서운하기도 했고요. 그래서 팀장님한테 좀 더 긍정적인 모습을 보여 주지 못했습니다. 그런데 처음에는 인정하기 싫었지만 팀장님을

보면서 제가 배웁니다. 제가 리더로서 부족한 점이 무엇인지, 왜 제가 그 자리에 가지 못했는지 깨닫고 있습니다.

강 팀장: 최 차장이 이렇게 진솔하게 얘기를 해 주니 답답했던 가슴이 시원하게 뚫렸습니다. 고맙습니다.

최 차장: 저도 팀장님과 솔직한 얘기를 나누게 되어서 정말 좋습니다.

강 팀장: 나는 최 차장의 역할이 우리 사업팀에서 가장 중요하다고 생각합니다. 기존 시장의 안정화는 나도 당연히 중요하다고 보고 있습니다. 그런데 우리 팀이 더 성장하고 새로운 걸 보여 줘야 한다는 압박감 때문에 신규시장 개척에 더 비중을 두었던 것 같습니다. 균형을 맞추도록 노력하겠습니다. (격려하기)

최 차장: 저도 신규시장 매출 실적을 더 올리도록 노력하겠습니다.

강 팀장: 좋습니다. 몇 %까지 올릴 수 있겠습니까?

최 차장: 목표치인 10%는 무리가 있고, 8%까지는 달성하도록 하겠습니다.

강 팀장: 쉽지 않은 상황인데 해 준다고 하니 고맙습니다. (격려하기) 그러면 다음 주까지 구체적인 계획을 갖고 미팅을 했으면 합니다. 어떻게 생각하세요?

최 차장: 네. 준비하겠습니다.

강 팀장: 오늘 저와 얘기하면서 서로 다짐한 것을 다시 확인하면 좋겠습니다. (확인하기) 우선 저는 최 차장이 부정적 반응을 하더라도 최 차장 내면의 의도를 더 잘 파악하도록 노력하겠으며, 최 차장이 목표하는 신규시장 매출 실적 8%를 달성하도록 열

심히 지원하겠습니다. 요청사항이 하나 있습니다. (요청하기) 내 의견에 반대하거나 다른 의견을 내는 것은 좋으나, 화를 내면서 부정적인 반응을 보이는 것은 팀워크에 나쁜 영향을 미칩니다. 개선해 주셨으면 합니다. 오늘 얘기 최 차장이 한번 정리해 주시죠.

최 차장: 네, 화를 내면서 부정적인 반응을 드러내는 태도는 고치도록 노력하겠습니다. 그리고 우리 팀이 장기적으로 더욱 성장하기 위해 팀장님이 강조하시는 신규시장 매출 비중 8%를 꼭 달성하도록 하겠습니다. (재확인하기) 저도 요청사항이 있는데, 제가 다혈질이라 화를 자주 내는 편인데, 여러 사람이 있는 자리가 불편해지지 않도록 분위기를 만들어 주셨으면 합니다. (요청하기) 그리고 변화하려는 팀장님의 노력에 박수를 보내고 있음을 알아주시기 바랍니다. (인정하기)

강 팀장: 감사합니다. 그러면 목표를 달성하기 위한 새로운 실행 계획을 구체적으로 세워서 다시 미팅을 했으면 합니다. 언제까지 되겠습니까? (피드포워드)

최 차장: 저희 파트에서 논의를 거쳐서 다음 주 금요일까지 계획안을 만들겠습니다.

강 팀장: 좋습니다. 논의 과정에서 다른 파트의 의견도 꼭 듣고 수립하시기 바랍니다(요청하기). 내가 도와줄 일이 있으면 언제든지 요청하기 바랍니다(격려하기).

최 차장: 일단 저희 파트에서 노력해 보고, 도움이 필요하면 요청 드리겠습니다.

강 팀장: 최 차장이 더욱 열정적으로 일하는 모습을 보게 될 거라고 기대합니다. 우리 함께 해외사업팀을 잘 키워 봅시다. (**격려하기**)

참고문헌

더글러스 스톤 쉴라 한 저, 김현정 역(2014). 하버드 피드백의 기술. 경기: 21
    세기북스.

데이비드 호킨스 저, 백영미 역(2011). 의식혁명. 서울: 판미동.

로버트 케플런 저, 한수영 역(2012). 사람을 이끄는 힘. 서울: 교보문고.

리즈 홀 저, 최병현, 이혜진, 김성익, 박진수 역(2017). 마음챙김 코칭: 지금-
    여기-순간-존재-하기. 한국코칭수퍼비전 아카데미.

리처드 윌리엄스 저, 이민주 역(2007). 피드백 이야기. 서울: 토네이도.

마르틴 하이데거 저, 신상희 역(2012). 동일성과 차이. 서울: 민음사.

메리 올리버 저, 민승남 역(2015). 휘파람 부는 사람. 서울: 마음산책.

박창규 저(2017). 임파워링하라. 서울: 넌참예뻐.

박창규(2005). NLPia Coaching Program.

브라이언 손 저, 이영희, 박외숙, 고향자 역(2007). 칼 로저스. 서울: 학지사.

빅터 프랭클 저, 오승훈 역(2005). 의미를 향한 소리 없는 절규. 경기: 청아출
    판사.

서용석(2013). 하이데거에서의 존재론과 교육론. 도덕교육연구 25(2), 한국
    도덕교육학회.

스티븐 코비 저, 김경섭 역(2017). 성공하는 사람들의 7가지 습관. 경기: 김
    영사.

스티븐 코비 저, 정병창, 김경섭 역(2009). 신뢰의 속도. 경기: 김영사.

스콧 에블린 저, 고현숙 역(2014). 무엇이 임원의 성패를 결정하는가. 서울: 올림.

시오노 나나미 저, 김석희 역(2007). 로마인 이야기. 경기: 한길사.

엄태동 저(2016). 하이데거와 교육. 경기: 교육과학사.

에네모토 히데타케 저, 황소연 역(2004). 마법의 코칭. 서울: 새로운제안.

원경림, 권은경 저(2018). 지금-여기에 존재하기: 코칭 프레즌스에 대한 탐색적 연구. 한국코칭연구.

클라우스 슈밥 저, 송경진 역(2016). 클라우스 슈밥의 제4차 산업혁명. 서울: 새로운 현재.

한병철(2017). 타자의 추방. 서울: 문학과지성사.

허남석(2014). 행복한 리더가 행복한 일터를 만든다. 경기: 김영사.

헨리 킴지하우스, 카렌 킴지하우스, 필립 샌달, 로라 휘트워스 저, 김영순, 임경수 역(2016). 코액티브코칭. 경기: 김영사.

Welch, J. (2015). *A PATH GOAL LEADER*. Mirror Business.

저자 소개

박창규(Park Chang Gyu)

대한민국 최초로 국제코치연맹에서 마스터코치(MCC)로 인증받은 리더십 코칭 전문가이다. 미국에서 리더십과 코칭을 접한 이후 20여 년간 코칭과 리더십을 강의하고 있으며, 임파워링 코칭, 피드백 · 피드포워드 코칭, 그룹 코칭, NLPia 코칭, 영성코칭 등 여러 코칭 프로그램을 개발해 전파하고 있다. 현재 국민대학교 겸임교수로 MBA과정에서 리더십 코칭을 가르치고 있다. 또한 대한민국 미래의 코칭을 이끌어 갈 전문 코치를 육성하기 위한, 1년간 지속되는 장기 트레이닝 프로젝트에 주력하고 있다. 저서로 『임파워링하라』 『온자신감』 『당신 안에 있는 위대한 선택』 등이 있고, 공역서로 『원칙 중심의 리더십』이 있다. 특이하게 대한민국에서 유일한 육 · 공군 소장 출신이기도 하다.

권경숙(Kwon Kyung Sook)

(주)교원에서 발행한 『과학소년』 『위즈키즈』, 『플러스맘』, 『틴플』 등 청소년 및 학부모 대상 잡지의 기자와 편집장을 20년 동안 지냈으며, 이 외에도 오랜 시간 다양한 교육 콘텐츠를 개발해 왔다. 문화체육관광부에서 잡지언론인상을 수상하였을 뿐만 아니라, 편집장 시절 만든 잡지들이 잡지로서는 이례적으로 과학기술정보통신부, 문화체육관광부, 환경부 등에서 10여 차례 수상했다. (주)교원의 사내 커리어코치로 활동하면서 팀장 및 팀원들을 코칭했으며, 현재 코치 및 강사로 활동하면서 피드백 코칭으로 박사학위 과정에 있다.

※ 이 책에서 다루는 피드백과 피드포워드 내용은 '리더십코칭센터'가 지적 재산권을 갖고 있는 '피드백 · 피드포워드 코칭 프로그램' 내용이다. 이 내용을 인용하려면 리더십코칭센터의 허락을 구하기 바란다.

강 팀장을 변화시킨 **열 번의 코칭**

4차 산업혁명 시대, 우리에게 필요한 소통 리더십 '피드백 코칭'

Ten Meetings That Grow Leader

In the 4th Industrial Revolution, the leadership we need 'Feedback Coaching'

2019년 5월 30일 1판 1쇄 발행
2023년 3월 20일 1판 6쇄 발행

지은이 • 박창규 · 권경숙

펴낸이 • 김 진 환

펴낸곳 • **(주)학지사**

04031 서울특별시 마포구 양화로 15길 20 마인드월드빌딩 5층

대표전화 • 02) 330-5114　　팩스 • 02) 324-2345

등록번호 • 제313-2006-000265호

홈페이지 • http://www.hakjisa.co.kr

페이스북 • https://www.facebook.com/hakjisabook

ISBN 978-89-997-1832-8 03320

정가 **15,000원**

출판미디어기업 **학지사**

간호보건의학출판 **학지사메디컬** www.hakjisamd.co.kr
심리검사연구소 **인싸이트** www.inpsyt.co.kr
학술논문서비스 **뉴논문** www.newnonmun.com
원격교육연수원 **카운피아** www.counpia.com